北京大學中國語言學研究中心

早期北京話珍稀文獻集成

主編 劉雲

朝鮮日據時期漢語會話書匯編

分卷主編 ［韓］朴在淵 ［韓］金雅瑛

速修漢語大成

李源生 編著

［韓］朴在淵 ［韓］金雅瑛 校注

圖書在版編目(CIP)數據

速修漢語大成 / 李源生編著 ;(韓) 朴在淵,(韓) 金雅瑛校注. — 北京 : 北京大學出版社, 2017.5

(早期北京話珍本典籍校釋與研究)

ISBN 978-7-301-28093-5

Ⅰ. ①速…　Ⅱ. ①李…②朴…③金…　Ⅲ. ①北京話—研究　Ⅳ. ①H172.1

中國版本圖書館CIP數據核字(2017)第066412號

書　　名	速修漢語大成 SUXIU HANYU DACHENG
著作責任者	李源生　編著　[韓]朴在淵　[韓]金雅瑛　校注
責任編輯	崔　蕊　歐慧英
韓文編輯	曹夢玥
標準書號	ISBN 978-7-301-28093-5
出版發行	北京大學出版社
地　　址	北京市海淀區成府路205號　100871
網　　址	http://www. pup. cn　　新浪微博: @北京大學出版社
電子信箱	zpup@ pup. cn
電　　話	郵購部 62752015　發行部 62750672　編輯部 62754144
印 刷 者	北京虎彩文化傳播有限公司
經 銷 者	新華書店
	720毫米×1020毫米　16開本　16.25印張　135千字
	2017年5月第1版　2018年10月第2次印刷
定　　價	62.00元

總 序

語言是文化的重要組成部分，也是文化的載體。語言中有歷史。

多元一體的中華文化，體現在我國豐富的民族文化和地域文化及其語言和方言之中。

北京是遼金元明清五代國都（遼時爲陪都），千餘年來，逐漸成爲中華民族所公認的政治中心。北方多個少數民族文化與漢文化在這裏碰撞、融合，產生出以漢文化爲主體的、帶有民族文化風味的特色文化。

現今的北京話是我國漢語方言和地域文化中極具特色的一支，它與遼金元明四代的北京話是否有直接繼承關係還不是十分清楚。但可以肯定的是，它與清代以來旗人語言文化與漢人語言文化的彼此交融有直接關係。再往前追溯，旗人與漢人語言文化的接觸與交融在入關前已經十分深刻。本叢書收集整理的這些語料直接反映了清代以來北京話、京味文化的發展變化。

早期北京話有獨特的歷史傳承和文化底蘊，於中華文化、歷史有特别的意義。

一者，這一時期的北京歷經滿漢雙語共存、雙語互協而新生出的漢語方言——北京話，她最終成爲我國民族共同語（普通話）的基礎方言。這一過程是中華多元一體文化自然形成的諸過程之一，對於了解形成中華文化多元一體關係的具體進程有重要的價值。

二者，清代以來，北京曾歷經數次重要的社會變動：清王朝的逐漸孱弱、八國聯軍的入侵、帝制覆滅和民國建立及其伴隨的滿漢關係變化、各路軍閥的來來往往、日本侵略者的占領，等等。在這些不同的社會環境下，北京人的構成有無重要變化？北京話和京味文化是否有變化？進一步地，地域方言和文化與自身的傳承性或發展性有着什麼樣的關係？與社會變遷有着什麼樣的關係？清代以至民國時期早期北京話的語料爲研究語言文化自身傳承性與社會的關係提供了很好的素材。

了解歷史才能更好地把握未來。新中國成立後，北京不僅是全國的政治中心，而且是全國的文化和科研中心，新的北京話和京味文化或正在形成。什麼是老北京京味文化的精華？如何傳承這些精華？爲把握新的地域文化形成的規律，爲傳承地域文化的精華，必須對過去的地域文化的特色及其形成過程進行細致的研究和理性的分析。而近幾十年來，各種新的傳媒形式不斷涌現，外來西方文化和國内其他地域文化的衝擊越來越强烈，北京地區人口流動日趨頻繁，老北京人逐漸分散，老北京話已幾近消失。清代以來各個重要歷史時期早期北京話語料的保護整理和研究迫在眉睫。

"早期北京話珍本典籍校釋與研究（暨早期北京話文獻數字化工程）"是北京大學中國語言學研究中心研究成果，由"早期北京話珍稀文獻集成""早期北京話數據庫"和"早期北京話研究書系"三部分組成。"集成"收録從清中葉到民國末年反映早期北京話面貌的珍稀文獻并對内容加以整理，"數據庫"爲研究者分析語料提供便利，"研究書系"是在上述文獻和數據庫基礎上對早期北京話的集中研究，反映了當前相關研究的最新進展。

本叢書可以爲語言學、歷史學、社會學、民俗學、文化學等多方面的研究提供素材。

願本叢書的出版爲中華優秀文化的傳承做出貢獻！

王洪君、郭鋭、劉雲

二〇一六年十月

“早期北京話珍稀文獻集成”序

清民兩代是北京話走向成熟的關鍵階段。從漢語史的角度看，這是一個承前啓後的重要時期，而成熟後的北京話又開始爲當代漢民族共同語——普通話源源不斷地提供着養分。蔣紹愚先生對此有着深刻的認識：“特別是清初到19世紀末這一段的漢語，雖然按分期來説是屬于現代漢語而不屬於近代漢語，但這一段的語言（語法，尤其是詞彙）和‘五四’以後的語言（通常所説的‘現代漢語’就是指‘五四’以後的語言）還有若干不同，研究這一段語言對於研究近代漢語是如何發展到‘五四’以後的語言是很有價值的。”（《近代漢語研究概要》，北京大學出版社，2005年）然而國内的早期北京話研究并不盡如人意，在重視程度和材料發掘力度上都要落後於日本同行。自1876年至1945年間，日本漢語教學的目的語轉向當時的北京話，因此留下了大批的北京話教材，這爲其早期北京話研究提供了材料支撑。作爲日本北京話研究的奠基者，太田辰夫先生非常重視新語料的發掘，很早就利用了《小額》《北京》等京味兒小説材料。這種治學理念得到了很好的傳承，之後，日本陸續影印出版了《中國語學資料叢刊》《中國語教本類集成》《清民語料》等資料匯編，給研究帶來了便利。

新材料的發掘是學術研究的源頭活水。陳寅恪《〈敦煌劫餘録〉序》有云：“一時代之學術，必有其新材料與新問題。取用此材料，以研求問題，則爲此時代學術之新潮流。”我們的研究要想取得突破，必須打破材料桎梏。在具體思路上，一方面要拓展視野，關注“異族之故書”，深度利用好朝鮮、日本、泰西諸國作者所主導編纂的早期北京話教本；另一方面，更要利用本土優勢，在“吾國之舊籍”中深入挖掘，官話正音教本、滿漢合璧教本、京味兒小説、曲藝劇本等新類型語料大有文章可做。在明確了思路之後，我們從2004年開始了前期的準備工作，在北京大學中國語言學研究中心的大力支持下，早期北京話的挖掘整理工作於2007年正式啓動。本次推出的“早期北京話珍稀文獻集成”是階段性成果之一，總體設計上“取異族之故書與吾國之舊籍互相補正”，共分“日本北京話教科書匯編”“朝鮮日據時期漢語會話書匯編”“西人北京話教科書匯編”“清代滿漢合璧文獻萃編”“清代官話正音文獻”“十全福”“清末民初京味兒小説書系”“清末民初京味兒時評書系”八個系列，臚列如下：

“日本北京話教科書匯編”於日本早期北京話會話書、綜合教科書、改編讀物和風俗紀聞讀物中精選出《燕京婦語》《四聲聯珠》《華語跬步》《官話指南》《改訂官話指南》《亞細亞言語集》《京華事略》《北京紀聞》《北京風土編》《北京風俗問答》《北京事情》《伊蘇普喻言》《搜奇新編》《今古奇觀》等二十餘部作品。這些教材是日本早期北京話教學活動的縮影，也是研究早期北京方言、民俗、史地問題的寶貴資料。本系列的編纂得到了日本學界的大力幫助。冰野善寬、内田慶市、太田齋、鱒澤彰夫諸先生在書影拍攝方面給予了諸多幫助。書中日語例言、日語小引的翻譯得到了竹越孝先生的悉心指導，在此深表謝忱。

“朝鮮日據時期漢語會話書匯編”由韓國著名漢學家朴在淵教授和金雅瑛博士校注，收入《改正增補漢語獨學》《修正獨習漢語指南》《高等官話華語精選》《官話華語教範》《速修漢語自通》《速修漢語大成》《無先生速修中國語自通》《官話標準：短期速修中國語自通》《中語大全》《“内鮮滿”最速成中國語自通》等十餘部日據時期（1910年至1945年）朝鮮教材。這批教材既是對《老乞大》《朴通事》的傳承，又深受日本早期北京話教學活動的影響。在中韓語言史、文化史研究中，日據時期是近現代過渡的重要時期，這些資料具有多方面的研究價值。

“西人北京話教科書匯編”收録了《語言自邇集》《官話類編》等十餘部西人編纂教材。這些西方作者多受過語言學訓練，他們用印歐語的眼光考量漢語，解釋漢語語法現象，設計記音符號系統，對早期北京話語音、詞彙、語法面貌的描寫要比本土文獻更爲精準。感謝郭鋭老師提供了《官話類編》《北京話語音讀本》和《漢語口語初級讀本》的底本，《尋津録》、《語言自邇集》（第一版、第二版）、《漢英北京官話詞彙》、《華語入門》等底本由北京大學圖書館特藏部提供，謹致謝忱。《華英文義津逮》《言語聲片》爲筆者從海外購回，其中最爲珍貴的是老舍先生在倫敦東方學院執教期間，與布魯斯和愛德華兹共同編寫的教材——《言語聲片》。這是世界上第一部有聲漢語教材，上册爲中文課本，下册爲英文翻譯和講解，用音標標注課文的讀音。墨緑色燙金封面，紙張和裝訂極爲考究，上册書中漢字均由老舍先生親筆書寫，隨書唱片内容也由他親自朗讀，京韵十足，殊爲珍貴。

上述三類“異族之故書”經江藍生、張衛東、汪維輝、張美蘭、李無未、王順洪、張西平、魯健驥、王澧華諸先生介紹，已經進入學界視野，對北京話研究和對外漢語教學史研究産生了很大的推動作用。我們希望將更多的域外經典北京話教本引入進來，考慮到日本卷和朝鮮卷中很多抄本字跡潦草，難以辨認，而刻本、印本中也存在着大量的異體字和俗字，重排點校注釋的出版形式更利于研究者利用，這也是前文“深度利用”的含義所在。

對“吾國之舊籍”挖掘整理的成果，則體現在下面五個系列中：

“清代滿漢合璧文獻萃編”收入《清文啓蒙》《清話問答四十條》《清文指要》《續編兼漢清文指要》《庸言知旨》《滿漢成語對待》《清文接字》《重刻清文虚字指南編》等十餘部經典滿漢合璧文獻。入關以後，在漢語這一强勢語言的影響下，熟習滿語的滿人越來越少，故雍正以降，出現了一批用當時的北京話注釋翻譯的滿語會話書和語法書。這批教科書的目的本是教授旗人學習滿語，却無意中成爲了早期北京話的珍貴記録。“清代滿漢合璧文獻萃編”首次對這批文獻進行了大規模整理，不僅對北京話溯源和滿漢語言接觸研究具有重要意義，也將爲滿語研究和滿語教學創造極大便利。由于底本多爲善本古籍，研究者不易見到，在北京大學圖書館古籍部和日本神户外國語大學竹越孝教授的大力協助下，“萃編”將以重排點校加影印的形式出版。

“清代官話正音文獻”收入《正音撮要》（高静亭著）和《正音咀華》（莎彝尊著）兩種代表著作。雍正六年（1728），雍正諭令福建、廣東兩省推行官話，福建爲此還專門設立了正音書館。這一“正音”運動的直接影響就是以《正音撮要》和《正音咀華》爲代表的一批官話正音教材的問世。這些書的作者或爲旗人，或寓居京城多年，書中保留着大量北京話詞彙和口語材料，具有極高的研究價值。沈國威先生和侯興泉先生對底本搜集助力良多，特此致謝。

《十全福》是北京大學圖書館藏《程硯秋玉霜簃戲曲珍本》之一種，爲同治元年陳金雀抄本。陳曉博士發現該傳奇雖爲昆腔戲，念白却多爲京話，較爲罕見。

以上三個系列均爲古籍，且不乏善本，研究者不容易接觸到，因此我們提供了影印全文。

總體來説，由于言文不一，清代的本土北京話語料數量較少。而到了清末民初，風氣漸開，情况有了很大變化。彭翼仲、文實權、蔡友梅等一批北京愛國知識分子通過開辦白話報來“開啓民智”“改良社會”。著名愛國報人彭翼仲在《京話日報》的發刊詞中這樣寫道：“本報爲輸進文明、改良風俗，以開通社會多數人之智識爲宗旨。故通幅概用京話，以淺顯之筆，達樸實之理，紀緊要之事，務令雅俗共賞，婦稚咸宜。”在當時北京白話報刊的諸多欄目中，最受市民歡迎的當屬京味兒小説連載和《益世餘譚》之類的評論欄目，語言極爲地道。

“清末民初京味兒小説書系”首次對以蔡友梅、冷佛、徐劍膽、儒丐、勳鋭爲代表的晚清民國京味兒作家群及作品進行系統挖掘和整理，從千餘部京味兒小説中萃取代表作家的代表作品，并加以點校注釋。該作家群活躍于清末民初，以報紙爲陣地，以小説爲工具，開展了一場轟轟烈烈的底層啓蒙運動，爲新文化運動的興起打下了一定的群衆基礎，他們的作品對老舍等京味兒小説大家的創作産生了積極影響。本系列的問世亦將爲文學史和思想史研究提供議題。于潤琦、方梅、陳清茹、雷曉彤諸先生爲本系列提供了部分底本或館藏綫索，首都圖書館歷史文獻閲覽室、天津圖書館、國家圖書館提供了極大便利，謹致謝意！

“清末民初京味兒時評書系”則收入《益世餘譚》和《益世餘墨》，均係著名京味兒小説家蔡友梅在民初報章上發表的專欄時評，由日本岐阜聖德學園大學劉一之教授、矢野賀子教授校注。

這一時期存世的報載北京話語料口語化程度高，且總量龐大，但發掘和整理却殊爲不易，稱得上“珍稀”二字。一方面，由于報載小説等欄目的流行，外地作者也加入了京味兒小説創作行列，五花八門的筆名背後還需考證作者是否爲京籍，以蔡友梅爲例，其真名爲蔡松齡，查明的筆名還有損、損公、退化、亦我、梅蒐、老梅、今睿等。另一方面，這些作者的作品多爲急就章，文字錯訛很多，并且鮮有單行本存世，老報紙殘損老化的情況日益嚴重，整理的難度可想而知。

上述八個系列在某種程度上填補了相關領域的空白。由于各個系列在内容、體例、出版年代和出版形式上都存在較大的差異，我們在整理時借鑒《朝鮮時代漢語教科書叢刊續編》《〈清文指要〉匯校與語言研究》等語言類古籍的整理體例，結合各個系列自身特點和讀者需求，靈活制定體例。“清末民初京味兒小説書系”和“清末民初京味兒時評書系”年代較近，讀者群體更爲廣泛，經過多方調研和反復討論，我們決定在整理時使用簡體横排的形式，儘可能同時滿足專業研究者和普通讀者的需求。“清代滿漢合璧文獻萃編”“清代官話正音文獻”等系列整理時則采用繁體。“早期北京話珍稀文獻集成”總計六十餘册，總字數近千萬字，稱得上是工程浩大，由于我們能力有限，體例和校注中難免會有疏漏，加之受客觀條件所限，一些擬定的重要書目本次無法收入，還望讀者多多諒解。

“早期北京話珍稀文獻集成”可以説是中日韓三國學者通力合作的結晶，得到了方方面面的幫助，我們還要感謝陸儉明、馬真、蔣紹愚、江藍生、崔希亮、方梅、張美蘭、陳前瑞、趙日新、陳躍紅、徐大軍、張世方、李明、鄧如冰、王强、陳保新諸先生的大力支持，感謝北京大學圖書館的協助以及蕭群書記的熱心協調。“集成”的編纂隊伍以青年學者爲主，經驗不足，兩位叢書總主編傾注了大量心血。王洪君老師不僅在經費和資料上提供保障，還積極扶掖新進，“我們搭臺，你們年輕人唱戲”的話語令人倍感温暖和鼓舞。郭鋭老師在經費和人員上也予以了大力支持，不僅對體例制定、底本選定等具體工作進行了細致指導，還無私地將自己發現的新材料和新課題與大家分享，令人欽佩。“集成”能够順利出版還要特别感謝國家出版基金規劃管理辦公室的支持以及北京大學出版社王明舟社長、張鳳珠副總編的精心策劃，感謝漢語編輯室杜若明、鄧曉霞、張弘泓、宋立文等老師所付出的辛勞。需要感謝的師友還有很多，在此一并致以誠摯的謝意。

“上窮碧落下黄泉，動手動脚找東西”，我們不奢望引領“時代學術之新潮流”，惟願能給研究者帶來一些便利，免去一些奔波之苦，這也是我們向所有關心幫助過“早期北京話珍稀文獻集成”的人士致以的最誠摯的謝意。

劉　雲

二〇一五年六月二十三日

於對外經貿大學求索樓

二〇一六年四月十九日

改定於潤澤公館

整理说明

本叢書收録的是20世紀前半葉韓國出版的漢語教材，反映了那個時期韓國漢語教學的基本情況。教材都是刻版印刷，質量略有參差，但總體上來説不錯。當然，錯誤難免，這也是此次整理所要解决的。

考慮到閱讀的方便，整理本不是原樣照録（如果那樣，僅影印原本已足够），而是將原本中用字不規範甚至錯誤之處加以訂正，作妥善的處理，方便讀者閱讀。

下面將整理情況作一簡要説明。

一、原本中錯字、漏字的處理。因刻寫者水平關係，錯字、漏字不少。整理時將正確的字用六角括號括起來置於錯字後面。如：

悠〔您〕、�〔道〕、辨〔辦〕、兩〔雨〕、郡〔都〕、早〔旱〕、刪〔剛〕、往〔住〕、玖〔玫〕、牧〔牡〕、湖〔胡〕、衣〔做〕、長〔漲〕、瘐〔瘦〕、敞〔敝〕、沏〔沏〕、騰〔臢〕、掛〔褂〕、榻〔褟〕、紛〔粉〕、宁〔廳〕、蜙〔螄〕、叹〔哎〕、林〔材〕、醮〔瞧〕、到〔倒〕、仙〔他〕、設〔説〕、悟〔誤〕、嗐〔瞎〕、顬〔顢〕、嚷〔讓〕、斫〔砍〕、抗〔亢〕、摟〔樓〕、遛〔溜〕、藝〔囈〕、刃〔刀〕、歐〔毆〕、肯〔背〕、叔〔叙〕、坂〔坡〕、裹〔裏〕、炎〔災〕、正〔五〕、着〔看〕、呆〔茶〕、怜悧〔伶俐〕、邦〔那〕、尿〔屁〕、常〔當〕、師〔帥〕、撤〔撒〕、例〔倒〕、孽〔孳〕、眛〔眯〕

如果錯字具有系統性，即整部書全用該字形，整理本徑改。如：

“熱”誤作“熱”、“已”誤作“己”、“麼”誤作“麽”、“豐”誤作“豊”、“懂”誤作“憧/懂”、“聽”誤作“聽”、“緊”誤作“緊”

二、字跡漫漶或缺字處用尖括號在相應位置標出。如：

賞口〈罰〉、這口〈不〉是

三、異體字的處理。異體字的問題較爲複雜，它不僅反映了當時某一地域漢字使用的習慣，同時也可能提供别的信息，因此，對僅僅是寫法不同的異體字，整理本徑改爲通行字體。如：

呌—叫　　伱、儞—你　　煑—煮
䭾、駄—馱　　幇—幫　　冐—冒
恠—怪　　寃—冤　　徃—往
胷—胸　　樻—櫃　　鴈—雁
決—决　　牀—床　　鎻—鎖
硑—碰　　粧—裝　　箇—個
閙—鬧　　鑛—礦　　牆—墻
舘—館　　偹—備　　喒、偺、昝—咱
膓—腸　　葯—藥　　寳—寶
禀—稟　　讃—讚　　蓆—席
盃—杯　　砲、礮—炮　　姪—侄
窓—窗　　躭—耽　　欵—款
荅—答　　糡—糨　　踈—疏
聦—聰　　贜—臟　　揝—攥
餽—饋　　撢—撣　　躰—體
醎—鹹　　坭—泥　　窨—窖
滙—匯　　朶—朵　　擡—抬
煙—烟　　賸—剩　　骽—腿

以上字形，整理本取後一字。

對有不同用法的異體字，整理時加以保留。如：

疋—匹　　升—昇—陞

四、部分卷册目録與正文不一致，整理本做了相應的處理，其中有標號舛誤之處因涉及全書的結構，整理本暫仍其舊。

序

自古敝邦之於朝鮮，壤地接近，交際殷繁，不得不廣其語學。而兩邦互禁民越境，所謂學語之科只有官立，而文臣之講歸之文具，象譯之人限以數門，蓋全國内解語學者無幾矣。顧今兩邦，鐵以連路，相移日衆，於是人皆知語學之爲急，而不赴校者，亦皆有自得之思也。不佞於是編述一書。教習一冬，議與鮮人之相好者，使之對譯、釋義、附音，兩邦人士一覽可嘵〔曉〕。自單語、會話以至長話、格言，無不備具。不惟可合於教科而已，人皆可以獨習而能就。故付之剞劂，以廣其傳。噫，置莊嶽不三年而可收齊語之功，誰謂人人之不及古也。

歲丁巳小春

芝罘散人 王運甫 序

凡 例

一, 本書는 四編에 分ᄒᆞ니 一은 單語오 二는 會話오 三은 問答이오 四는 長話라 每編에 日常必用ᄒᆞ는 緊切ᄒᆞᆫ 語를 蒐輯ᄒᆞ야 學者의 愛讀心을 勸興ᄒᆞ며 厭煩性을 退治케 홈.

一, 編末에 附錄을 入ᄒᆞ야 支那語에 音法及四聲을 表示ᄒᆞ며 特히 發音이 猛長ᄒᆞᆫ 上聲字 三百餘音을 列揭ᄒᆞ야 讀字로써 發音上에 注意케 홈.

目録

第一編　單話

第二編　會話

第三編　問答

第四編　長話

附　録

第一編　單話

漢語라 홈은 即支那의 國語를 云홈이라 支那는 疆域이 廣大ᄒᆞ야 各省에 方言이 不一홈으로 自國人間에도 筆談을 用ᄒᆞ며 通譯을 資ᄒᆞ나 官話는 四方에 通用ᄒᆞ야 各公署及各社會에 無難普及되는 故로 本書는 全히 官話卽北京語를 表準ᄒᆞ야 編述ᄒᆞ노라.

第一課　數字

一 [이] ᄒᆞ나
二 [얼] 둘
三 [싼] 셋
四 [쓰] 넷
五 [우] 다섯
六 [릭] 여섯
七 [치] 일곱
八 [싸] 여듧
九 [직] 아홉
十 [시] 열
百 [빅] 빅
千 [쳰] 쳔
萬 [완] 만
億 [이] 억
兆 [잔] 죠
京 [징] 경
二十 [얼시] 이십
五十九 [우시직] 오십구
三十五 [싼시우] 삼십오
三百八十四 [싼빅싸시쓰] 삼빅팔십ᄉᆞ
四十六 [쓰시릭] 사십륙
五萬六千七百 [우완릭쳰치빅] 오만륙쳔칠백

第二課　好、不好

好。[한] 좃소.
不好。[부한] 조치 안소.
冷。[렁] 츕소.
不冷。[부렁] 츕지 안소.
熱。[석] 더읍소.
不熱。[부석] 더읍지 안소.
買。[매] 사오.
不買。[부매] 사지 안소.
去。[취] 가오.
不去。[부취] 가지 안소.
知道。[지닾] 아오.
不知道。[부지닾] 알지 못ᄒᆞ오.

懂得。[둥더] 아오.
不懂得。[부둥더] 모르오.
好看。[한칸] 보기 좃소.
不好看。[부한칸] 보기 조치 안소.
明白。[밍비] 명빅ᄒᆞ오.
不明白。[부밍비] 명빅지 못ᄒᆞ오.

(釋) 冷은 寒也오, 熱으 [은] 暑也니 言語에는 寒, 暑二字를 冷, 熱로 換用ᄒᆞᆷ. 知道는 知也오, 懂得은 解得也니 道字와 得字는 訓의 意味가 無ᄒᆞ고 但 助語ᄒᆞ는 字됨에 不過ᄒᆞᆷ.

第三課 罷、了

說罷。[쉬바] 말ᄒᆞ겟습니다.
出罷。[추바] 나가겟습니다.
吃罷。[츼바] 먹겟습니다.
念罷。[녠바] 읽겟습니다.
晴罷。[칭바] 기이겟습니다.
動罷。[뚱바] 움작이겟습니다.
有罷。[우바] 잇겟습니다.
看罷。[칸바] 보겟습니다.
保罷。[반바] 보젼ᄒᆞ겟습니다.
買了。[매라] 삿습니다.
動了。[뚱라] 움작엿습니다.
說了。[쉬라] 말ᄒᆞ엿습니다.
吃了。[츼라] 먹엇습니다.
忘了。[왕라] 이졋습니다.
看了。[칸라] 보앗습니다.
給了。[께라] 쥬엇습니다.
念了。[녠라] 읽엇습니다.
聽了。[튕라] 드럿습니다.
去了。[취라] 갓습니다.

(釋) 罷는 助詞니 未來, 命令에 通用ᄒᆞ고 了는 過去, 現在에 通用ᄒᆞᆷ. 說은 談話也오, 吃는 食也오, 念은 讀也오, 看은 見也라.

第四課 麼

有麼? [우마] 잇습니가?
看麼? [칸마] 봄닛가?
有了麼? [우라마] 잇셧습닛가?
看了麼? [칸라마] 보앗습닛가?
吃麼? [츼마] 먹습닛가?
喝麼? [허마] 마심닛가?
吃了麼? [츼라마] 먹엇습닛가?
喝了麼? [허라마] 마셧습닛가?
好麼? [한마] 좃습닛가?
好了麼? [한라마] 조왓습닛가?
不好了麼? [부한라마] 조치 안엇습닛가?

來麽？［래마］옴닛가？

來了麽？［릭라마］왓슴닛가？

不來了麽？［부릭라마］오지 안엇슴닛가？

沒來。［메릭］오지 아니ᄒᆞ엿소.

沒來了麽？［메릭라마］오지 안엇슴닛가？

沒看。［메칸］보지 못ᄒᆞ엿소.

沒看了麽？［메칸라마］보지 못ᄒᆞ엿슴닛가？

沒聽。［메팅］듯지 못ᄒᆞ엿소.

沒聽了麽？［메팅라마］듯지 못ᄒᆞ엿슴닛가？

沒在。［메직］잇지 안엇소.

沒在了麽？［메직라마］잇지 안엇슴닛가？

還沒看。［히메칸］아즉 보지 못ᄒᆞ엿슴니다.

還沒吃。［히메츼］아즉 먹지 안엇슴니다.

還沒聽。［히메팅］아즉 듯지 못ᄒᆞ엿슴니다.

還沒寫。［히메쌰［쎄］］아즉 쓰지 못ᄒᆞ엿슴니다.

「釋」 麽는 疑問辭니 現在에는 動詞字下에 直接 添用ᄒᆞ고 過去에는 動詞字下에 了 一字를 添入後 附用ᄒᆞᆷ.
沒은 不字의 意니 過去에 用ᄒᆞ고 還은 「아즉」의 意니 未來에 用ᄒᆞᆷ. 還沒은 即「姑未」「尙未」의 意라.

第五課　來、不來

來不來？［래부래］옴닛가 아니 옴닛가？

去不去？［취부취］감닛가 아니 감닛가？

賣不賣？［믹부믹］팜닛가 아니 팜닛가？

買不買？［매부매］삼닛가 아니 삼닛가？

聽不聽？［팅부팅］드름닛가 아니 드름닛가？

問不問？［운부운］무름닛가 아니 무름닛가？

看不看？［칸부칸］봄닛가 아니 봄닛가？

喝不喝？［허부허］마심닛가 아니 마심닛가？

吃不吃？［츼부츼］먹슴닛가 아니 먹슴닛가？

多不多？［둬부둬］만슴닛가 아니 만슴닛가？

小不小？［썊부썊］작슴닛가 아니 작슴닛가？

大不大? [짜부짜] 큰닛가 아니 큰닛가?
冷不冷? [렁부렁] 춥습닛가 아니 춥습닛가?
對不對? [뒈부뒈] 그럿습닛가 아니 그럿습닛가?
會不會? [훼부훼] 암닛가 모름닛가?
忙不忙? [망부망] 밧붐닛가 아니 밧붐닛가?
要不要? [얖부얖] 쓰겟습닛가 아니 쓰겟습닛가?
好不好? [한부한] 좃습닛가 조치안습닛가?
懂不懂? [둥부둥] 아심닛가 모르심닛가?
回來不回來? [회릐부회릐] 도라옴닛가 아니 도라옴닛가?
可笑不可笑? [커쌒부커쌒] 우숩습닛가 아니 우숩습닛가?
腌臢不腌臢? [앙장부앙장] 드럽습닛가 아니 드럽습닛가?
乾净不乾净? [깐징부깐징] 씨슷흠닛가 아니 씨슷흠닛가?
害怕不害怕? [히파부히파] 두렵습닛가 아니 두렵습닛가?

「釋」 對는 合也, 成也오, 會는 知也오, 憧은 解得也오, 腌臢은 汚穢也오. 乾凈은 淸潔也오, 害怕는 恐也라.

第六課 塊、角、錢

一塊錢 [이쾌첸] 일 원
兩塊錢 [량쾌첸] 이 원
三塊五 [싼쾌우] 삼 원 오십 젼
四塊八 [쓰쾌빠] 사 원 팔십 젼
五塊六 [우쾌릭] 오 원 듁[륙]십 젼
六塊九 [릭쾌직] 륙 원 구십 젼
七塊三 [치쾌싼] 칠 원 삼십 젼
八塊洋錢 [빠쾌양첸] 팔 원
九塊洋錢 [직쾌양첸] 구 원
十塊多錢 [시쾌둬첸] 십 원 각 슈
五十塊錢 [우시쾌첸] 오십 원
一百塊錢 [이빅쾌첸] 일빅 원
三千五百塊 [싼첸우빅쾌] 삼천오빅 원
五萬七千塊 [우완치첸쾌] 오만칠천 원
半塊錢 [싼쾌첸] 반 원
一角錢 [이쟌첸] 십 젼
兩角錢 [량쟌첸] 이십 젼
三角洋錢 [싼쟌양첸] 삼십 젼
四角洋錢 [쓰쟌양첸] 사십 젼
五角錢 [우쟌첸] 오십 젼
六角五 [릭쟌우] 륙십오 젼
七角八 [치쟌빠] 칠십팔 젼

八角四 [싸쟈쓰] 팔십ᄉ 젼
九角五 [쟉쟈우] 구십오 젼
一分錢 [이뽄췐] 일 젼
二分半 [얼뽄쌘] □〈이〉 젼 오리
三分錢 [싼뽄췐] 삼 젼
四分錢 [쓰뽄췐] 사 젼
五分錢 [우뽄췐] 오 젼
六分錢 [릭뽄췐] 륙 젼
七分錢 [치뽄췐] 칠 젼
八分錢 [싸뽄췐] 팔 젼
九分錢 [쟉뽄췐] 구 젼

「釋」塊는 我國貨幣의 圓位와 同ᄒᆞ고 角은 十錢과 同ᄒᆞ며 分은 錢과 同흠. 洋錢으 [은] 支那人이 墨西哥銀貨를 最初브터 通用ᄒᆞᆫ 고로 洋이라 稱ᄒᆞ나 洋字를 略ᄒᆞ고 但幾何錢이라 ᄒᆞ야도 亦可흠. 支那人의 貨幣 計算ᄒᆞ는 法이 最初金位를 計言ᄒᆞ고 其下位는 但一, 二, 三, 四 等數字만 稱ᄒᆞᄂᆞ니 例ᄒᆞ건ᄃᆡ 「一塊五十錢」이라 「一塊五角」이라 語ᄒᆞᆯ 것을 一塊五라 畧言ᄒᆞ고 「三角六分錢」이라 語ᄒᆞᆯ 것을 「三角六」이라 畧言ᄒᆞᄂᆞ니라. 但 其中間에 數位가 零이 되는 時는 畧흠이 不可ᄒᆞ니 例ᄒᆞ건ᄃᆡ 「一塊五分錢」이라 ᄒᆞ면 角位가 空인 고로 畧省치 못ᄒᆞ고 亦一塊五分錢이라 흠과 如흠. (度量衡이 皆倣此흠.) 多錢이라 ᄒᆞ는 多字의 意味는 不定數를 云흠이니 即餘字와 彷彿흠.

第七課 度、量、衡

一石米 [이단미] 한 셤 쌀
五石黃米 [우단황미] 닷 셤 조
六斗高粱 [릭덕쌒량] 엿 말 슈슈
三升菜種子 [싼싱치즁쓰] 셕 되 ᄎᆡ 종ᄌᆞ
四合〔盒〕清醬 [쓰허칭장] 너 홉 간장
白酒一斗五升五 [빅쟉이덕우싱우] 빅쥬 한 말 닷 되 오 홉
大豆九斗六升五 [싸덕쟉덕릭싱우] 콩 아홉 말 엿 되 오 홉
小豆七斗五 [샤덕치덕우] 팟 일곱 말 닷 되
白米三石五升 [빅미싼단우싱] 빅미 셕 셤 닷 되
一斤酒 [이진쟉] 한 근 술
半斤白糖 [쌘진빅탕] 반 근 사탕
四兩白酒 [쓰량빅쟉] 반반 근 빅쥬
十五兩紅參 [시우량홍셴] 열닷 량 즁 홍삼
四兩五分八 [쓰량우뽄싸] 넉 량 오 푸[푼] 팔 리 즁
十兩七分七 [시량치뽄치] 열 량 칠 푼 칠 리 즁

一疋布 [이피부] 한 필 뵈
三疋綢緞 [싼피쵹단] 셰 필 비단
四十五尺杭羅 [쓰시우치항라] 마흔딕 조 항라
兩尺五寸五 [량치우츤우] 두 즈 다섯 치 오 푼
八尺六寸八 [쌔치루츤쌔] 여덟 즈 여섯 치 팔 푼

「釋」 石은 十斗也오, 斗는 十升也오, 升은 十合也오, 合은 十勺也니, 石, 升, 合, 勺은 總히 斗量을 計홈에 用ㅎ고 斤은 十六兩也오, 兩은 十錢也오, 錢은 十分也오, 分은 十厘也니, 斤, 兩, 錢, 分, 厘는 總히 衡量을 計홈에 用ㅎ고 匹은 二十乃至 五六十 尺으로 成ㅎ니 布帛을 隨ㅎ야 尺數가 不同ㅎ고 尺은 十寸, 寸은 十分이니 匹, 尺, 寸, 分은 總히 尺量을 計홈에 用ㅎ└니라. 貨幣와 尺量에는 二字를 單位에 兩字로 換用홈.(例ㅎ건딕 二塊를 両塊라 二尺을 兩尺이라 홈과 如홈. 匹에는 二字를 用홈)

第八課 代名詞

我的 [워듸] 나의 (닉 것)
你的 [늬듸] 로형의 (로형의 것)
他的 [타듸] 져의 (져의 것)
我們的 [워먼듸] 우리들의 (우리들의 것)
你們的 [늬먼듸] 너의들의 (너의들의 것)
他們的 [타먼듸] 져의들의 (져의들의 것)
誰的 [쉬듸] 누의 (누의 것)
這個 [져거] 이거
那個 [나거] 그거
這兒 [져얼] 여긔
那兒 [나얼] 거긔
那兒 [나ㅣ얼] 어딕
幾個 [지거] 멧 기
這裏 [져리] 이리
那裏 [나리] 져리
那裏 [나ㅣ리] 어듸

(釋) 你는 汝也오, 們은 等輩也오, 的의 語助詞니 之字의 意오, 兒은 處字(名詞下에 在ᄒᆞᆫ 時는 語助詞가 됨)의 意라. 那字는 音을 短促히 呼ㅎ는 時는 其字의 意가 되나 音을 重長히 呼ㅎ는 時는 何字의 意가 됨.

第九課　月、日

正月（一月）[졍웨(이웨)] 졍월
二月 [얼웨] 이월
三月 [싼웨] 삼월
四月 [쓰웨] 사월
五月 [우웨] 오월
六月 [릭웨] 륙월
七月 [치웨] 칠월
八月 [쌔웨] 팔월
九月 [직웨] 구월
十月 [씌웨] 십월
十一月（冬月）[씌이웨(쭝웨)] 십일월
十二月（臘月）[씌얼웨(라웨)] 십이월
初一 [추이] 초하로
初二 [추얼] 초잇흘
初三 [추싼] 초사흘
初四 [추쓰] 초나흘
初五 [추우] 초닷식
初六 [추릭] 초엿식
初七 [추치] 초일헤
初八 [추쌔] 초여드릐
初九 [추직] 초아흐레
初十 [추씌] 초열흘
十一日 [씌이ᄾ] 십일일
十二日 [씌얼ᄾ] 십이일
十三日 [씌싼ᄾ] 십삼일
十四日 [씌쓰ᄾ] 십사일
十五日 [씌우ᄾ] 십오일
十六日 [씌릭ᄾ] 십륙일
十七日 [씌치ᄾ] 십칠일
十八日 [씌쌔ᄾ] 십팔일
十九日 [씌직ᄾ] 십구일
二十日 [얼씌ᄾ] 이십일
二十一日 [얼씌이ᄾ] 이십일일
三十日（月底）[싼씌ᄾ(웨듸)] 삼십일

第十課　時候

禮拜日 [리빅ᄾ] 일요일
禮拜一 [리빅이] 월요일
禮拜二 [리빅얼] 화요일
禮拜三 [리빅싼] 슈요일
禮拜四 [리빅쓰] 목요일
禮拜五 [리빅우] 금요일
禮拜六 [리빅릭] 토요일
春天 [츈텐] 봄
夏景天 [쌰징텐] 여름
秋天 [칙텐] 가을
冬天 [둥텐] 겨을
一秒鐘 [이먀즁] 일 초
一分鐘[이뻔즁] 일 분
一刻 [이커] 일 각

一點鐘 [이덴즁] 한 뎜
兩點鐘 [량덴즁] 두 뎜
十二點鐘 [씌얼덴즁] 열두 뎜
早起 [짠치] 아츰
晚上 [완쌍] 초져녁
黃昏 [황훈] 황혼
夜裏 [예리] 밤즁
前天(前兒) [쳰텐] ᄌᆡ작일
上半天 [쌍빤텐] 오젼
下半天 [쌰빤텐] 오후
前半夜 [쳰빤예] 자정 젼
後半夜 [후빤예] ᄌᆞ정 후
整天家 [쪙텐쟈] 종일
今天(今兒) [진텐] 오날
隔一天 [꺼이텐] 하로 걸너
明天(明兒)[밍텐]ᄅᆡ일
天天兒 [텐텐얼] 날마다
後天(後兒) [후텐] ᄌᆡ명일
這程子 [져청쯔] 이 동안
昨天(昨兒) [줘텐] 어졔
今年 [진넨] 금년
前年 [쳰넨] ᄌᆡ작년
明年 [밍넨] ᄅᆡ년

去年 [취넨] 거년
後年 [후넨] 후년
立刻 [리커] 즉각
現在 [쎈ᄶᆡ] 지금
上回 [쌍회] 젼번
馬上 [마쌍] 즉금
向來 [썅ᄅᆡ] 종ᄅᆡ(從來)
剛纔 [짱ᄎᆡ] 악가
將來 [장ᄅᆡ] 이후(以後)
一個 [이거] 한 ᄀᆡ
第一號 [듸이화] 뎨일호
兩個 [량거] 두 ᄀᆡ
第二號 [듸얼화] 뎨이호
五個 [우거] 다셧 ᄀᆡ
第三號 [듸싼화] 뎨삼호
十個 [씌거] 열 ᄀᆡ
十來個 [씌ᄅᆡ거] 근십 개(近十)
第一 [듸이] 뎨일
好些個 [화쎄거] 여러 개
第三 [듸싼] 뎨ᄉᆞᆷ
十多個 [씌둬거] 십여 ᄀᆡ(十餘)
第十 [듸씌] 뎨십
一百多 [이ᄇᆡ둬] 일ᄇᆡᆨ여(百餘)

第二編 會話

第一章 天文

天氣好不好? [텐치화부화] 일긔가 죳소 아니 죳소?

天氣很好。[텐치흔화] 일긔가 미우 죳소.

上半天下雨。[쌍싼텐쌰위] 오젼에 비가 옵니다.

下半天下雪。[쌰싼텐쌰쉐] 오후에 눈이 옵니다.

白日裏很暖和。[빅시리흔놘훠] 낫은 미우 짜뜻ᄒ오.

今兒颳南風。[진얼쏴난뻥] 오날 남풍이 부오.

外頭土大。[왜턱투싸] 밧게 몬지가 대단ᄒ오.

雲彩滿了。[윈치만라] 구룸이 가득ᄒ오.

下霧很大。[쌰우흔싸] 안기가 크게 나리오.

月亮很好。[웨량흔화] 달이 미우 밝습니다.

到了冬天就冷。[쌒라둥텐쥐렁] 겨을이 되면 춥습니다.

天亮了。[텐량라] 날이 식엿습니다.

你喜歡那季兒? [늬시환나ㅣ지얼] 로형은 무슨 졀긔를 조와ᄒ시오?

我喜歡春天。[워시환츈텐] 나는 봄을 조와흡니다.

秋天是讀書的好時候兒。[취텐쓰뚜슈듸화시후얼] 가을은 글 닑기 조흔 쎡올시다.

今兒個是幾兒了? [진얼거쓰지얼라] 오날이 몟칠이오?

八月十五罷。[싸웨시우바] 팔월 보름이겟지오.

氣天〔天氣〕怎麽樣? [텐치즌마양] 일긔가 읏덧습닛가?

要下雨了。[얖쌰위라] 비가 오려흡니다.

我想怕下雨。[워썅파쌰위] 닉 싱각에는 비가 오겟소.

夏景天是熱呀。[쌰징텐쓰서야] 여름은 더웁소그려.

冬天是冷啊。[둥텐쓰렁아] 겨을은 춥구려.

今兒颳風。[진얼쏴뻥] 오날 바람이 부오.

太陽冒嘴兒。[틱양맢쮀얼] 히가 돗습니다.

太陽平西了。[틔양핑시라] 틔양이 셔편에 짐니다.

天快黑了。[텐쾌희라] 날이 곳 어둡겟소.

颳風，土大得很。[ᄭᅪᄫᅥᆼ투ᄯᅡ더흔] 바람이 부러 몬지가 ᄆᆡ우 만소.

黑上來了。[희쌍ᄅᆡ라] 어두어옴니다.

天冷的時候下雪。[텐렁듸시헉쌰쉐] 날이 치울 ᄯᆡ 눈이 옵니다.

天熟〔熱〕的時候下雨。[텐ᅀᅥ듸시헉쌰위] 날이 더울 ᄯᆡ 비가 옵니다.

霹靂，閃電。[피리싼덴] 번ᄀᆡ 침니다.

今兒早起打雷了。[진얼잪치ᄯᅡ레라] 오날 아ᄎᆞᆷ에 텬동ᄒᆞ엿습니다.

河溝都凍了。[허ᄶᅮᄶᅮ둥라] 내가 다 어럿습니다.

地球亦是一個行星了。[듸취예쓰이거싱싱라] 디구도 역시 한 힝셩이오.

你可以數星星麽? [늬커이쑤싱싱마] 로형이 별을 셰이겟소?

滿天星象，我不能數。[만텐싱썅워부능쑤] 하ᄂᆞᆯ에 가득ᄒᆞᆫ 별을 내가 능히 셰일 슈 업소.

月邊雲彩。[웨벤윈ᄎᆡ] 달가에 구룸.

暖和的天氣。[놘훠듸텐치] ᄯᅡᄯᅳᆺᄒᆞᆫ 일긔.

涼快的晚上。[량쾌듸완썅] 셔늘ᄒᆞᆫ 져녁.

下雹子和霰。[쌰빠쯔히싼] 우박과 ᄊᆞᆯ아기가 옵니다.

星星兒落了。[싱싱얼롸라] 별이 ᄯᅥ러졋습니다.

地動比雷嚇害罷。[듸뚱세레쌰ᄒᆡ바] 디동은 우뢰보다 무셥습니다.

熱的了不得。[ᅀᅥ듸랖부더] 더워셔 못 견ᄃᆡ겟소.

天氣好，太陽幌〔晃〕眼。[텐치핲태양황앤] 일긔가 조와 ᄒᆡ가 부시오.

絳是下雨的時候出來的。[쟝쓰쌰위듸씌헉추ᄅᆡ듸] 무지ᄀᆡ는 비 올 ᄯᆡ 나오는 것이오.

單語字

天 [텐] 하날

風 [ᄫᅥᆼ] 바ᄅᆞᆷ

雨 [위] 비

雪 [쉐] 눈

霜 [쐉] 셔리

霰 [싼] ᄊᆞᆯ아기

雷 [레] 우뢰

霞 [쌰] 놀

虹 [쟝] 무지기
電 [뎬] 번기
天氣 [톈치] 텬긔
日頭 [시투] 히
月亮 [웨량] 달
雲彩 [윈치] 구름
雹子 [쌒쯔] 우박
露水 [루쉬] 이슬
白雨 [빅위] 소낙이
冷子 [렁쯔] 진눈갑이
空氣 [쿵치] 공긔
天漢 [톈한] 은하슈
星星 [싱싱] 별
北斗 [베덕] 북두
月蝕 [웨시] 월식
日蝕 [시시] 일식
月芽兒 [웨야얼] 초승달
朦朧月 [멍룽웨] 으스름달
颶風 [쥐뻥] 구풍
暴風 [쌒뻥] 포풍
土星 [투싱] 토셩
金星 [징싱] 금셩

第二章 地文

你住在那兒? [늬주지나ㅣ얼] 로형 어듸 사르시오?
我住在京城裏頭。[워주지징청리틱] 나는 경셩 안에 사르오.
他上那兒去? [타쌍나ㅣ얼취] 져 ᄉᆞ롬은 어듸로 갓소?
上南山去了。[쌍난싼취라] 남산에 올나갓소.
從海路走。[충히루적] 히로로 조차가오.
從旱路走。[충한루적] 륙로로 조차가오.
在公園游逛。[지궁웬위꽝] 공원에셔 놉니다.
在樹蔭兒歇歇。[지쑤인얼쎼쎼] 나무 그늘에셔 쉬이오.
這塊石頭有多少斤? [저쾌시턱우뒤쌒진] 이 돌덩이가 몃 근이나 되오?
上溫泉去。[쌍운촨취] 온쳔으로 가오.
我要海水浴去。[워야히쉬위취] 나는 히슈욕ᄒᆞ러 가오.
自來水是甚麽? [쯔래쉬쓰슴마] 자래슈[①]는 무엇이오닛가?
在地下埋管通水的。[씨디쌰미관퉁쉬듸] 싸 아릭 관을 뭇고 물을 통ᄒᆞ는 것이오.
江河湖海是天下大水的總名兒。[쟝허후히쓰톈쌰짜쉬듸쭝밍얼] 강과 하슈와 호슈와 바다는 텬하 큰물의 일홈이오.

---

① 자래슈: 自來水. 수돗물.

他在大街上做賣買〔買賣〕。[타지짜제쌍쥐믜매] 졔가 큰길에□□〈셔장〉 ᄉᆞᄒᆞ오.

山峰的尖兒是個個不同。[싼뻥듸젠얼쓰거거부퉁] 산봉오리의 ᄲᅧ족홈이 ᄀᆡᄀᆡ갓지 안소.

單語字

地 [듸] ᄯᅡ
陸 [루] 륙디
河 [허] 하슈
湖 [후] 호슈
泥 [니] 진흙
砂 [사] 모ᄅᆡ
府 [뿌] 부
半島 [싼닾] 반도
岸 [앤] 언덕
波 [버] 물결
海 [ᄒᆡ] 바다
潮 [챺] 죠슈
山 [싼] 산
泉 [촨] ᄉᆡ암
嶺 [링] 고ᄀᆡ
石 [시] 돌
池 [치] 못
沼 [쟢] 늡
水 [쉬] 물
澤 [재] 못
道 [닾] 길
溝 [쭈] ᄀᆡ천
源 [웬] 근원
橋 [쟢] 다리
冰 [삥] 어름
樹 [슈] 나무
郡 [쥔] 고을
國 [궈] 나라
塵 [천] ᄯᅴ끌
村 [츈] 마을
土 [투] 몬지
森 [썬] 삼림
土腰 [투얖] 地峽
地嘴 [듸줴] 압(岬)
海邊 [ᄒᆡ벤] ᄒᆡ변
地球 [듸추] 디구
海門 [ᄒᆡ먼] ᄒᆡ협
大洋 [싸양] 대양
山脚 [싼쟢] 산록
曠野 [쾅예] 광야
草野 [챂예] 들
石頭 [시투] 돌
旱路 [한루] 륙로
水田 [쉬텐] 논
洞道 [뚱닾] 슈도
地震 [듸천] 디진
火山 [훠싼] 화산
山嶺 [싼링] 산령
銀礦 [인쿵] 온[은]광
温泉 [운촨] 온천

煤窑 [메야오] 셕탄광
沙漠 [사머] 사막
瀑布 [ᄲᅡ오부] 폭포
溷水 [훈쉬] ᄒᆞ린물
旱田 [한톈] 밧
屯裏 [둔리] 향리
牧場 [무창] 목장
租界 [주지] 조계
冰楞 [ᄲᅵᆼ렁] 고드름
樹林子 [슈린ᄶᅳ] 슈풀
鄉下 [쌍쌰] 시골
大街 [ᄯᅡ졔] 큰길
公園 [궁웬] 공원
抄道 [챠닾] ᄉᆡᆨ이길
鄰國 [린궈] 린국
檐溜兒 [옌릭얼] 비방울
市場 [시창] 시장
通商口岸 [퉁샹컥안] 통상 항구
十字口兒 [시ᄶᅳ컥얼] 네거리

第三章 身體

肚子疼了。[두ᄶᅳ텅라] ᄇᆡ가 압프오.
肚子疼起來了。[두ᄶᅳ텅치래라] ᄇᆡ가 압허 옴니다.
頭疼了。[투텅라] 머리가 압흐오.
肚子飽了。[두ᄶᅳ봐라] ᄇᆡ가 부르오.
腿麻了，走不動。[퉤마라쩌부뚱] 발이 져려셔 힝보홀 슈 업소.
嗓子渴的了不得。[쌍ᄶᅳ커듸랴오부더] 목이 말너 못 견ᄃᆡ겟소.
出了大汗了。[추라ᄯᆞ한라] 크게 ᄯᆞᆷ이 낫습니다.
腦袋痛麽？ [난대퉁마] 두통이 남닛가?
鬧肚子的。[난두ᄶᅳ듸] ᄇᆡ가 쏼쏼거리오.
貴恙怎麽了？ [귀양전마라] 병환이 웃덧습니ᄭᅡ?
還没好哪。[ᄒᆡ메화나] 아즉 낫지 못ᄒᆞ오.
不餓麽？ [부어마] ᄇᆡ가 곱흐지 안슴닛가?
我還不餓。[워ᄒᆡ부어] 나는 아즉 ᄇᆡ곱흐지 안소.
人老了，眼睛看不真了。[신랖라옌징칸부쩐라] 사ᄅᆞᆷ이 늙으면 눈에 잘 아니 뵈오.
他的鼻子很高。[타듸쎄ᄶᅳ흔ᄭᅪᆫ] 제 코가 너무 크오.
你没有耳朵麽？ 爲甚麽聽得不清楚呢？ [늬메익얼둬마웨선마팅더부칭추늬] 로형은 귀가 업소? 웨 쏙쏙이 못 드럿소?
連嘴唇子都破了。[롄쮀춘ᄶᅳ뚜퍼라] 입술ᄭᆞ지 모다 ᄒᆡ졋습니다.

他的鬍子都白了一半兒了。[타듸후쯔뚜비라이싼얼라] 졔 슈염이 반이나 희엿슴니다.

我的指頭疼得利害。[워듸즤투텅더리히] 내 손고락이 대단이 압흐오.

他丢了一個胳臂。[타뮈라이거꺼쎄] 졔가 한 팔뚝을 이러버렷소.

我的牙很疼了。[워듸야흔텅라] 내 어금니가 너무 압흐오.

臉上怎麽這麽刷白? [렌쌍전마저마쏴비] 얼골이 웨 이러케 힐식ᄒᆞ오?

腰腿有病了。[약퉤위쀵라] 허리에 병늘[들]엇슴니다.

他的眉毛長得不錯。[타듸메먀창더부춰] 졔 눈셥 싱긴 것이 관계치 안소.

鬢〔鬚〕角兒是腦門子兩邊兒的頭髮。[쎈쟈얼쓰난먼쯔량벤얼듸투빠] 귀밋은 뇌문 량편에 잇는 머리털이오.

腮頰是嘴兩邊兒肉。[써쟈쓰쮀량벤얼쉭] 뺨은 입 좌우에 잇는 고기오.

嘴下頭的骨頭是下巴頦兒。[쮀쌰투듸구투쓰쌰바커얼] 입 아릭 쌔는 아릭턱이올시다.

腦袋下頭就叫脖子。[난ᄃᆡ쌰투작쟈[쟈]쌔쯔] 뇌 아릭는 목덜미라 ᄒᆞ오.

腦袋前頭就叫嗓子。[난ᄃᆡ쳰투작쟈쌍쯔] 뇌 압은 목이라 ᄒᆞ오.

眉〔肩〕膀兒是胳臂的上頭。[졘빵얼쓰꺼쎄듸쌍투] 억기는 팔둑이올시다.

脊梁是肩膀兒的後頭。[지량쓰졘빵얼듸훠투] 갈비씌는 억기 뒤올시다.

肚子以上就叫胸。[두쯔이쌍작쟈쑹] 빅 위를 가슴이라 ᄒᆞ오.

波棱蓋兒是腿中間兒的骨節兒。[쌔렁씌얼쓰퉤즁졘얼듸쑤졔얼] 무릅은 다리 즁간의 쌔올시다.

脚上頭的骨頭就叫踝子骨。[쟈쌍투듸쑤투작쟌[쟈]홰쯔쑤] 발 위에 내민 쌔는 복ᄉᆞ쌔라 ᄒᆞᆷ니다.

他的脾氣很不好。[타듸피치흔부핲] 졔 셩졍이 ᄆᆡ우 조치 안소.

貴盖〔恙〕怎麽樣? [쒸양즌마양] 병환이 옷더시오?

我病了兩三天。[워쀵라량싼텐] 내가 이솜 일 병드럿소.

渾身酸痛。[훈쎈쏸퉁] 젼신이 져리고 압흐오.

覺着頭疼。[쟌져투텅] 두통이 나오.

嗓子疼的利害。[쌍쯔텅듸리히] 목구멍이 ᄆᆡ우 압흐오.

豈不是胃病了麽? [치부쓰웨쀵라마] 웃지 위병이 아니겟소?

請大夫瞧一瞧。[칭싸뚜챺이챺] 의

ᄉᆞ를 청ᄒᆞ야 보이시오.

吃幾劑補藥了。[츼지지부야ᇢ라] 보약 몃 제를 먹엇소.

身上欠安, 謂之不舒服。[썬쌍쳰안웨즤부쑤뿌] 몸이 불안홈을 편치 안타 ᄒᆞ오.

這幾天我總没能出門。[져지텐워쭝메넝추먼] 이 몃칠은 도모지 문에 못 나아갓소.

若果然該當服藥。[숴궈산ᄭᅵ당뿌얀] 만일 그러면 약 먹어야 ᄒᆞ오.

藥性還不一定。[얀싱히부이띵] 약셩이 일졍치 안소.

那一夜沉重了。[나이예친즁라] 그 하로밤은 침즁ᄒᆞ엿소.

昏過去好一會子, 纔蘇醒過來了。[훈궈츄화이회ᄍᆞ칙쑨싱궈릭라] 짬으리첫다가 을마 만에 겨우 ᄭᅢ여낫슴니다.

還没還元兒。[히메환웬얼] 아즉 소싱이 못되오.

太急燥〔躁〕了。[틔지쟈라] 너무 급조ᄒᆞ다.

他越勸越生氣。[타웨촨웨썽치] 저는 권홀슈록 셩을 닌다.

受了羞辱回來了。[ᄶᅥ라식수회릭라] 슈욕을 밧고 도라왓다.

使手指頭混摩一回。[싀ᄰᅥ즤텍훈머이회] 손ᄶᅡ락으로 한 번 만젓다.

人老了就氣血衰了。[신랖라쥐치쎼쇄라] 사름이 늙으면 긔혈이 쇠ᄒᆞ오.

單語字

心 [신] 마음
臉上 [렌쌍] 얼골
腦子 [낫ᄍᆞ] 골
眼睛 [앤징] 눈
鼻子 [세ᄍᆞ] 코
身子 [썬ᄍᆞ] 몸
舌頭 [쎠탁] 혀
牙齒 [야츼] 니
嘴 [쮀] 입
頭髮 [턱빠] 두발
眉毛 [메맢] 눈셥
門牙 [먼야] 압니
牙花兒 [야화얼] 니ᄯᅳᆼ
腦袋 [낫대] 두골
眼球兒 [앤칙얼] 눈동ᄌᆞ
嘴唇兒 [쮀춘얼] 닙술
耳朵 [얼둬] 귀
嗓子 [쌍ᄍᆞ] 목
手背 [석쎄] 손등
腮頰 [쌔쟈] ᄲᅣᆷ
鬍子 [후ᄍᆞ] 슈염
手 [쎡] 손

手掌 [쎡장] 손바닥
骨節兒 [쑤졔얼] 골졀
脚 [쟈] 다리
指甲 [즤쟈] 손톱
拳頭 [쵄퉈] 주먹
胸膛 [쓩탕] 가삼
心窩 [신워] 명문
肚子 [뚜쯔] ᄇᆡ
屁股 [피쑤] 볼기
大腿 [따퉤] 대퇴
咳嗽 [커쒁] ᄒᆡ소
唾沫 [퉈머] 춤
痰 [탄] 담
出恭 [추쑹] ᄯᅩᆼ 누다
下溺 [쌰냐] 오좀 누다
病 [쎵] 병
肚疼 [뚜텅] 복통
着凉 [쟈량] 감긔
駝背 [퉈쎄] 곱사등
瞎子 [샤쯔] 장님
聾子 [룽쯔] 귀먹어리
啞吧 [야싸] 벙어리
發燒 [빠쏴] 발열
出汗 [추한] 출한
胖 [팡] 살지다
瘦 [쎡] 파리ᄒᆞ다
健壯 [젠좡] 건장
呆子 [씌쯔] 어리셕은 이
虛弱 [쉬워] 허약

第四章 衣服

戴着帽子。[씌져만쯔] 모ᄌᆞ를 쓰고 잇소.
穿了中國衣裳。[좐라즁궈이샹] 즁국 의복을 입엇소.
穿草鞋罷。[좐챺쎄바] 집신을 신으시오.
穿靴子罷。[좐쒜쯔바] 신을 신으시오.
衣裳很臟了。[이샹흔장라] 의복이 ᄆᆡ우 더럿습니다.
請把褲子疊好。[칭싸쿠쯔뎨햔] 바지 갓다가 잘 ᄀᆡ키시오.
單衣裳非洗穿不了。[싼이샹예시좐부랸] 홋옷은 셸지 아느면 입을 슈 업소.
這個帽子是時興的。[저거만쯔쓰시싱듸] 이 모ᄌᆞ는 시톄 것이오.
你可以穿木屐麽? [늬커이좐무지마] 로형은 나무신을 신겟소?
因爲穿不慣, 脚痛。[인웨좐부꽌쟈텅] 신어 익지 못ᄒᆞ야 다리가 압흐오.
日本襪子怎麽了? [ᅀᅵ쌘와쯔즌마라] 일본 보션은 웃덧소?
還是没襪子好。[히쓰메와쯔햔] 역시 양말만 못ᄒᆞ오.

靴子有皮做的，有絨做的。［쉐쯔우피줘듸약숭줘듸］신은 가족으로 만든 것도 잇고 비단으로 만든 것도 잇소.

掛〔褂〕子脱下好來。［꽈쯔퉈씨［쌰］화래］두루막이는 벗는 것이 좃소.

這砍〔坎〕肩兒是時興的。［져칸졘얼쓰시싱듸］이 족찌는 시톄 것이오.

把汗榻〔褟〕兒來洗一洗。［싸한타얼릐시이시］쌈밧기[①] 갓다가 싸르시오.

那褂子太長，不合式。［나과쯔틔챵부허시］그 두루막이는 너무 길어셔 맛지 안소.

凉帽和暖帽都有。［량맢히놘맢뚜우］여름 모즈와 겨을 모즈가 다 잇소.

我買了一疋紗、三疋布。［워매라이피싸싼피부］내가 사 한 필과 뵈 세 필을 샷소.

單語字

褂子［꽈쯔］져고리

褲子［쿠쯔］바지

襪子［와쯔］보션

帽子［맢쯔］모자

靴子［쉐쯔］신

手套［쒁퇖］장갑

鉗子［쳰쯔］귀에 고리

鐲子［줘쯔］팔지

縧子［톼쯔］슨

針［쎤］바늘

綫［쏀］실

絲綫［쓰쏀］명쥬실

袖子［식쯔］소믹

鈕子［닏쯔］단초

兜兒［쒁얼］칰낭

盒子［허쯔］합

摺紋［저원］쥬룸

砍〔坎〕肩兒［칸졘얼］족찌

汗榻〔褟〕兒［한타얼］쌈밧기

領子［링쯔］옷깃

帶［띡］띄

手帕子［쒁파쯔］슈건

戒指兒［제즤얼］반지

馬褂子［마꽈쯔］마구즈

台布［틱부］샹보

鋪蓋［푸씩］니부자리

褥子［수쯔］요

枕頭［쪈텆］벼기

毡子［잔쯔］셜담

包袱［봐뿌］보

口袋［컥대］부딕

蚊帳［원장］모긔장

綢緞［췩돤］쥬단

布帛［부빅］포빅

---

① 쌈밧기: 汗褟兒. 땀받이.

綾 [렁] 릉
羅 [라] 라
綢 [착] 듀
帛 [빅] 빅
紬 [작] 쥬
緞 [돤] 단
絨 [숭] 융
洋布 [양부] 당목
傘 [싼] 우산
雨衣 [워이] 우의
衣裳 [이샹] 의복
官帽 [꽌맢] 관모
官服 [꽌뿌] 관복
洋服 [양뿌] 양복
單衣裳 [짠이샹] 홋옷
風領 [뻥링] 목도리
夏衣 [쌰이] 하의
冬衣 [둥이] 동의

第五章 飲食

請用飯罷。[칭융빤바] 진지 잡슈시오.
我吃過了。[워치궈라] 나는 벌셔 먹엇소.
再不能吃。[지부넝치] 더 먹을 슈 업소.
要吃點心。[야치덴신] 과즈를 먹으려 ᄒᆞ오.
喝酒罷。[허작바] 술 마시시오.
吃早飯。[최잔빤] 아춤밥을 먹소.
酒也喝，烟也吃。[작예허옌예최] 술도 마시고 담빅도 먹소.
你愛吃鮮果子麽? [늬애최쏀궈쯔마] 과실 자시기를 질기시오?
請吃橘子。[칭최쥐쯔] 밀감 잡슈시오.
請用珈琲〔咖啡〕。[칭용까뻬] 가피차를 잡슈시오.
您用茶不用? [닌융차부융] 차 잡슈셧소 아니 잡슈셧소?
我用牛奶哪。[워융부내나] 나는 우유 먹습니다.
抽烟不抽烟? [착옌부착옌] 담빅 아니 퓌시오?
吃藥就可以好了。[최야작커이핲라] 약 잡수면 곳 낫겟습니다.
吃冰總不大好。[최삥즁부따핲] 어름 먹는 것이 조치는 안소.
猪肉比牛肉不好吃。[쥐삭삐나삭부핲최] 도야지고기는 쇠고기보다 먹기 조치 안소.
不穀〔彀〕青菜，很爲難。[부꺽칭치흔웨난] 야치가 부족ᄒᆞ야 어렵습니다.
有腌黄爪〔瓜〕没有? [위옌황과메위] 외김치가 잇소 업소?
沏茶請客。[치차칭커] 차를 싸라셔 손님게 드리시오.

千萬別吃大烟。[쳰완베치따옌] 부ᄃᆡ 아편은 먹지 마르시오.

天天兒吃蘿菖〔葡〕來着。[텐텐얼치라뿌릐저] 날마다 무를 먹고 잇소.

這個肉新鮮不新鮮? [져거석신션부신션] 이 고기는 상ᄒᆞᆫ 것이 안니오닛가?

頂新鮮的。[띵신션듸] 아주 싀것이요.

叫他買點心麼? [쟌타매덴신마] 져다려 과ᄌᆞ 사오라 ᄒᆞ시오?

我不很愛吃甜的。[워부흔애츼텐듸] 나는 단것을 너무 질기지 안소.

做麵包饅頭的是小麥紛〔粉〕了。[쥐멘반만투듸쓰쟌머왠라] 면보[①]와 만두를 만드는 것은 밀가루올시다.

燈油是豆子做的。[썽위쓰쩍쯔쥐듸] 등유는 콩으로 짠 것이오.

香油是芝麻做的。[썅위쓰즤마쥐듸] 참기름은 참ᄭᆡ로 짠 것이오.

你在這兒弄菜罷。[늬ᄌᆡ져얼룽츼바] 로형 여긔셔 안쥬 만드시오.

你愛喝湯呢? [늬ᄋᆡ허탕늬] 로형 탕을 잘 자시오?

單語字

飯 [쌘] 밥

麵包 [멘봐] 면보

點心 [덴신] 과ᄌᆞ

肉 [석] 고기

茶 [차] 차

酒 [직] 슐

白鹽 [빅옌] 소곰

麵 [멘] 국수

芥末 [졔머] 겨ᄌᆞ 가로

醋 [쭈] 초

醬油 [쟝위] 간장

黃油 [황위] 쌔다

鷄蛋 [지싼] 계란

白糖 [빅탕] 사탕

饅頭 [만투] 만두

皮〔啤〕酒 [피직] 믹쥬

火腿 [훠퉤] 얼간ᄒᆞᆫ 도야지 고기

貝具〔排骨〕 [픽구] 갈비

菜 [츼] 안쥬

湯 [탕] 국

牛奶 [닉늬] 우유

第六章 家屋

有三個屋子。[위싼거우쯔] 방 셋이 잇소.

開着一個鋪子。[킈져이거푸쯔] 샹뎜 하나를 열고 잇소.

---

① 면보: 麵包. 빵.

請您關門罷。[칭닌관믄바] 로형 문 다드시오.

還沒開門。[히메키믄] 아즉 문을 열지 안엇소.

關上窗户罷。[관샹촹후바] 창문을 닷으시오.

飯館裏酒席。[빤관리쥐시] 밥집 안의 주셕.

客店裏客人。[커뎬리커신] 긱뎜 안의 손.

還沒開鋪子。[히메키푸쯔] 아즉 샹뎜을 열지 안엇소.

辦事房在那兒? [빤쓰빵쯰나ㅣ얼] 사무실이 어듸오닛가?

紙鋪在下胡同。[즤푸즤쌰후퉁] 지뎐이 아릭 골목에 잇소.

本地有幾個銀號? [썬듸우지거인화] 본디에 은힝이 몃 군대나 잇소?

綢緞鋪近來很蕭索。[쳑돤푸진릭흔쌎쉬] 비단뎐은 요식 셰월 업소.

那是貴國的公館。[나쓰쒸궈듸궁관] 져것은 귀국 공ᄉ관이오.

這是敝〔敝〕國的領事館。[저쓰쒸[쎄] 궈듸링쓰관] 이것은 폐국 령ᄉ관이오.

那是電報公司。[나쓰뎬봐궁스] 그것은 뎐보국이오.

這是郵政局。[저쓰위졍쥐] 이것은 우편국이오.

到病院快走罷。[닾삥웬쾌쩌바] 병원ᄭᆞ지 ᄲᆞᆯ니 갑시다.

客廳都掃完了麽? [커팅뚜산완라마] 사랑을 다 씨럿습닛가?

還沒掃好了。[히메산화라] 아즉 잘 씰지 못ᄒᆞ엿습니다.

茅房在那兒? [맛빵ᄌᆡ나ㅣ얼] 변소가 어듸 잇습닛가?

店裏有澡堂沒有? [뎬리우쟢탕메우] 려관에 목욕간이 잇소 업소?

你上樓上去罷。[늬샹럭샹취바] 로형 이층으로 올너가시오.

倉庫是米倉銀庫的總名。[쌍쿠쓰미쌍인쿠듸쭝밍] 창고라 홈은 미창과 은고의 총명이오.

要砌墻, 先得打夯。[야치챵션데쌰항] 담을 싸으랴면 먼져 달구질을 ᄒᆞ오.

那窗户透風得利害。[나촹후텎뻥더리히] 그 창에 바람이 ᄃᆡ단이 드러옵니다.

教堂是用工的地方。[쟢탕쓰융궁듸듸빵] 교당은 공부ᄒᆞ는 디방이오.

他在學堂裏念書。[타즤쑈탕리녠슈] 져는 학교에셔 글을 닑소.

這是衙門的事情。[져쓰야먼듸쓰칭] 이것은 아문의 일이오.

單語字

房子 [쨩쯔] 집
屋子 [우쯔] 방
客廳 [커틩] 사랑
書房 [쑤쨩] 셔직
飯宁〔廳〕 [빤틩] 식당
厨房 [추쨩] 부억
卧房 [워쨩] 침방
樓上 [럭쌍] 다락
窗户 [촹후] 창
澡堂 [쟢탕] 욕탕
隔扇 [쩌싼] 판장
地板 [듸쌘] 마루
頂棚 [띙펑] 반즈
樓梯 [럭듸] 사다리
籬笆 [리쌔] 울
院子 [웬쯔] 뜰
毛舍 [만써] 뒤깐
烟筒 [옌퉁] 연통
鋪子 [푸쯔] 상뎜
門 [믄] 문
客店 [커덴] 긱뎜
公館 [쑹관] 공관
病院 [쀙웬] 병원
茅房 [맢쨩] 변소
倉庫 [짱쿠] 창고
學堂 [쑈탕] 학교
銀行 [인항] 은힝

第七章 家具

燒炕罷。[쌒캉바] 불 찍이시요.
買了一張床。[매라이장촹] 상 한 기를 삿습니다.
擱在那個桌子上。[써지나거줘쯔 쌍] 져 탁즈 우에 두엇소.
給我一把刀子。[께워이싸닾쯔] 내게 칼 한 즈로 쥬시오.
鋪盖也很乾净。[푸씨예흔싼징] 이 부자리도 미우 씨슷ᄒᆞ오.
那個椅子壞了。[나거이쯔쾌라] 그 교의는 씌여졋습니다.
有帳子没有? [우장쯔메우] 장이 잇소 업소?
快點燈罷。[쾌덴쩡바] 얼는 등불 켜시요.
這個花瓶很大。[져거화핑흔싸] 이 쏫병이 미우 크오.
茶碗、酒杯都拿來了。[차완쥐쎄쭈 나래라] 차완과 슐잔을 다 가져 왓습니다.
把洋燈點上。[싸양덩덴썅] 등불 켜시오.
把燈罩兒給壞了。[싸덩잔얼께쾌 라]등피들씌르렷습니다.
小刀子比剪子倒方便。[쌒닾쯔세 첸쯔닾쨩벤] 창칼은 가위보다 도로혀 편리ᄒᆞ오.

刨和鋸是木匠的傢伙罷。[꽈히쥐쓰무쟝듸자훠바] 딕픠와 톱은 목공의 셰간들이겟소.

泥瓦匠拿鏝子來了。[니와장나만쯔래라] 미장이가 흙손을 가져왓습니다.

錶起昨天下〔不〕上弦了。[뱌치쥐텐부썅쏀라] 시계는 어졔부터 틔엽을 아니 트릿소.

這個木桶是甚麼? [져거무퉁쓰선마] 이 나무통은 무엇이오닛가?

那是用水桶。[나쓰융쉬퉁] 그것은 물 담는 통이오.

這是箱子的鑰匙了。[져쓰썅쯔듸얖싀라] 이것은 상ᄌᆞ 열쇠올시다.

唧筒爲何用呢? [칙퉁웨허융늬] 무ᄌᆞ위는 무엇에 쓰는 것이오?

滅失火必要的機器。[메시훠쎄얖듸지치] 불 끄는 데 필요ᄒᆞᆫ 긔계올시다.

飯鍋是做飯用的。[빤궈쓰쥐빤융듸] 남비는 밥 짓는 데 쓰는 것이오.

打釘子。[따씽쯔] 못을 박소.

找鐵槌來罷。[좌테췌릐바] 맛쵀[①] 차져오시오.

茶碗掉在地下破了。[차완댜지듸쌰퍼라] 차완이 ᄯᅡ에 ᄯᅥ러져 ᄭᆡ졋소.

凳子挪在這邊兒。[썽쯔뉘즤져볜얼] 등상을 여긔 비켜 노앗소.

把茶鍾〔盅〕要擦, 碰在桌子上, 破了。[빠차중얖차펑즤줘쯔썅퍼라] 차종을 닥다가 닥[탁]ᄌᆞ에 마주쳐셔 ᄭᆡ드렷습니다.

料貨是玻琉東西的總名兒。[랸훠쓰쌔리둥시듸쭝밍얼] 료화라 홈은 유리로 만든 물건의 총명이올시다.

拿刷子來擦一擦。[나쐐쯔릐차이차] 쇄ᄌᆞ 갓다가 닥그시오.

胰子擱在屜板上了。[이쯔꺼즤티싼쌍라] 비누는 셥합 우에 잇소.

手巾擱在架子上了。[쑈진꺼즤쟈쯔쌍라] 슈건은 탁ᄌᆞ 우에 두엇소.

那瓦盆兒是捏做的。[나와펀얼쓰네줘듸] 그 질동의는 주물너 만든 것이오.

這兒有好墨鏡没有? [저얼위화머징메우] 여긔 조흔 오슈경[②]이 잇습닛가?

那是甚麼機器? [나쓰슴마지치] 그것은 무슨 긔계오?

叫木匠定做罷。[쟌무쟝띵워바] 목

---

① 맛쵀: 鐵槌. 망치.

② 오슈경(烏水鏡): 墨鏡. 오수경. 오경.

슈 불너 맛치시오.

這兒有現成的書架子。[져얼우쏀청듸와쟈ᄶᅳ] 여긔 ᄉᆡ로 만든 ᄎᆡᆨ거리가 잇소.

你要甚麼筆? [늬야슴마쎄] 로형 무슨 붓을 쓰시랴오?

我要鉛筆。[워야쳰쎄] 나는 연필을 쓰겟소.

石筆也要麽? [시쎄예야마] 셕필도 쓰겟슴니ᄭᅡ?

筆是沒有。[쎄쓰메우] 붓은 업소.

筆鋪在那兒? [쎄푸ᄶᅦ나ㅣ얼] 필방이 어듸 잇슴닛가?

借給我一張紙。[졔께워이쟝즤] 내게 조희 한 장 빌녀 쥬시오.

買了一本書了。[매라이쌘슈라] ᄎᆡᆨ 한 권 삿슴니다.

拿字典來罷。[나ᄶᅳ뎬릐바] 자뎐 가지고 오시오.

您有信紙沒有? [닌우신지메우] 로형 편지지가 잇소 업소?

給我幾張封套。[께워지쟝ᄧᅥᆼ톼] 내게 봉투 멧 장 주시오.

這信皮上的糨子沒力氣。[져신피샹듸잉ᄶᅳ메릐치] 이 봉투 우의 풀칠이 힘이 업소.

秤在這兒么? [청지져얼마] 져울이 여긔 잇슴닛가?

我買了三塊墨、四管筆。[워미라싼쾌머쓰콴쎄] 내가 먹 셰 장과 붓 네 병을 삿소.

包着是幾張畫兒? [반줘쓰지쟝화얼] 싼 것은 멧 장 그림이오?

那個炕上都有席。[나거캉샹ᄯᅮ우시] 그 함실 우에 모다 돗이 잇소.

厨房裏厨子有沒有? [추빵리추ᄶᅳ우메우] 부억에 부억덕이[①]가 잇소?

碰了釘子回來了。[평라찡즤회릐라] 못을 박고 왓슴니다.

拉開弓一射。[라킈궁이써] 활을 당긔여 한 번 쏘다.

回手拔箭。[회셔빠진] 손을 돌녀 살을 ᄲᆡ다.

念着書。[녠져슈] 글을 읽는다.

看地理圖。[칸듸리투] 디도를 봅니다.

念歷史。[녠리쓰] 력ᄉᆞ를 읽음니다.

我要研究物理。[웨야옌취우리] 나는 물리를 연구ᄒᆞ려 ᄒᆞ오.

這兒挂的畫是誰畫? [저얼꽈듸화쓰쉬화] 이 족ᄌᆞ 그림은 뉘 그림이오닛가?

你作文章麽? [늬줘운장마] 로형 글 잘 지으심닛가?

我是下手, 不能作。[워쓰쌰쒀부넝

---

① 부억덕이: 厨子. 부엌데기.

줘] 나는 셔툴너셔 잘 못 짓습니다.
看甚麽新報呢? [칸슨마신봐늬] 무삼 신문을 보시오?
看了每日新報。[칸라메이신봐] ᄆᆡ일 신보를 봅니다.
您愛看小説不愛? [닌애칸쌰숴부애] 로형이 쇼셜을 잘 보시오?
我不要念那麽樣的。[워부야녠나마양듸] 나는 그런 것 읽기를 조와 안소.
那一本書你看完了麽? [나이썬쑤늬칸완라마] 그 ᄎᆡᆨ 한 권은 로형이 다 보앗소?
那書上的字都忘了。[나쑤썅듸쯔쭈왕라] 그 ᄎᆡᆨ의 글ᄌᆞ를 다 이졋습니다.
公文所論的是公事。[쑹운숴룬듸쓰쑹쓰] 공문으로 의론ᄒᆞᆷ은 공ᄉᆞ올시다.
從下往上告報事件, 當用稟帖。[쭝쌰왕썅짶봐씌젠당융삥테] 아ᄅᆡ셔 위로 보고ᄒᆞ는 일은 맛당히 품쳡을 씁니다.
書班們辦稿底子。[쑤싼먼싼짶듸쯔]셔긔들이 셔류를 쳐리ᄒᆞ오.
文書發了把存稿存着, 那叫陳案。[운쑤빠라쌔춘짶춘져나쟌천안] 공문을 발ᄒᆞ고 부본을 두는 것을 진안이라 ᄒᆞ오.

單語字

椅子 [이쯔] 교의
凳子 [썽쯔] 등상
地毯 [듸탄] 담요
桌子 [줘쯔] 탁자
扇子 [싼쯔] 붓치
簾子 [렌쯔] 바알
鑰匙 [야싀] 열쇠
鎖 [쒀] 잠을쇠
眼鏡 [얜징] 안경
鐘 [중] 괘종
表 [뱌] 시계
硯臺 [옌틔] 베루
硯匣 [옌쌰] 벼루집
紙 [즤] 조희
筆 [쎄] 붓
墨 [머] 먹
畫 [화] 그림
圖書 [투쑤] 도장
印色 [인써] 인쥬
信紙 [신즤] 편지지
封套 [뻥탚] 봉투
煤 [메] 셕탄
炭 [탄] 숫
洋油 [양읶] 셕유
火盆 [훠펀] 화로
火筷子 [화쾌쯔] 화져

飯鍋 [빤궈] 가마
盤子 [판쯔] 소반
碟子 [뎨쯔] 쳡시
筷子 [쾌쯔] 져가락
匙子 [씌쯔] 숫갈
勺子 [쏴쯔] 사시
刀子 [똬쯔] 창칼
茶壺 [차후] 차관
茶鍾〔盅〕[차중] 차종ᄌᆞ
酒瓶 [직핑] 술병
水杯 [쒸쎄] 곱부
碗 [완] 사발
木桶 [무퉁] 통
笤〔箒〕箒 [턒적] 뷔
撣子 [싼쯔] 몬지터리
手巾 [쒸진] 슈건
搌布 [잔부] 걸네
洋火 [양훠] 셩양
蚊帳 [운장] 모긔장
剪子 [젠쯔] 가위
臉盆 [렌펀] ᄃᆡ야
胰子 [이쯔] 비누
刷牙子 [쏴야쯔] 니솔
牙籤子 [야쳰쯔] 니쑤시ᄀᆡ
床 [촹] 평상
包袱 [봐뿌] 보
鏡子 [징쯔] 거울
梳子 [쑤쯔] 빗
木梳 [무쑤] 얼에빗
刷子 [쏴쯔] 솔
尺頭 [츼투] 자

第八章 舟車

坐車來了。[줘쳐래라] 차 타고 왓습니다.

坐船去了。[줘촨취라] ᄇᆡ 타고 갓습니다.

這隻船很大。[저지촨흔따] 이 ᄇᆡ는 ᄆᆡ오 크오.

你可以騎自行車麽? [늬커이치쯔싱쳐마] 로형 ᄌᆞ힝거 탈 쥴 아르시오?

一輛自動車來了。[이량쯔둥쳐래라] ᄌᆞ동차 한 ᄎᆡ가 왓습니다.

舢板來了，請上舢罷。[싼빤ᄅᆡ라칭쌍싼바] 삼판이 왓스니 ᄇᆡ에 오르시오.

船到碼頭了。[촨닾마투라] ᄇᆡ가 션창에 닷습니다.

打算坐馬車去。[ᄯᅡ쏸줘마쳐취] 마차로 가려고 ᄒᆞᆷ니다.

船開了麽? [촨ᄏᆡ라마] ᄇᆡ가 ᄯᅥ낫습닛가?

快開了。[쾌ᄏᆡ라] 곳 ᄯᅥ낫쇼.

你會騎馬不會? [늬회차마부회] 로형이 말 탈 쥴 아시오?

騎不好。[치부핲] 타지마는 셔투

르오.

雇不出一輛車來麽？ [수부추이량쳐래마] 수레 한 치 세엇지 못ᄒ겟슴닛가?

多少都有。[둬쌰뚜우] 얼마든지 잇습니다.

快車是幾點鐘開? [쾌처쓰지덴즁키] 급힝ᄎ는 멧 시에 써남닛가?

下午十點鐘您納。[쌰우시덴중닌나] 하오 열 시올시다. 당신.

你没遇見兵船了麽? [니메위쥔삥촨라마] 로형 병션을 못 만낫소?

我遇着朝日艦了。[워위져챠ᅀ시쏀라] 내 조일함을 만낫소.

你看過氣球了麽? [니칸궈치취라마] 로형 경긔구를 보앗소?

飛行船也看過了。[예싱촨예칸궈라] 비힝션도 보앗쇼.

這個車不翻麽? [져거쳐부빤마] 이 차가 뒤집히지 안소?

聽説那個輪船坐礁。[팅쉬나거룬촨줘챠] 드르니 그 윤션이 좌초가 되엿다는구려.

那是商船公司的船麽? [나쓰샹촨궁쓰듸촨마] 그것은 상션회ᄉ의 빅오닛가?

不是, 郵船公司的罷。[부쓰우촨궁쓰듸바] 아니오. 우션회ᄉ의 것이오.

有兩隻船碰着, 這一隻壞了。[위량지촨펑져져이지홰라] 빅 두 쳑이 마조쳐셔 이 ᄒ이 ᄭ여졋소.

這是單套車麽? [저쓰싼탚처마] 이것이 단두마차오닛가?

不是, 二套車了。[부쓰얼탚처라] 아니오. 쌍두마차올시다.

單語

車 [쳐] 수레

馬車 [마쳐] 마차

自行車 [쯔싱쳐] 자힝거

自動車 [쯔뚱쳐] ᄌ동차

管車的 [꽌쳐듸] 차장

站夫 [잔부] 역부

車夫 [쳐얘] 차부

拉車的 [라쳐듸] 차부

客車 [커쳐] 객차

火車 [화쳐] 화차

候車房 [학쳐빵] 대합실

貨車 [훠쳐] 화차

電氣車 [덴치쳐] 젼긔차

趟子車 [탕쯔쳐] 승합마차

東洋車 [뚱양쳐] 인력거

牛車 [뉘쳐] 우차

信船 [신촨] 우편션

商船 [쌍촨] 샹션

撥船 [빠촨] 짐비

火輪船 [훠룬촨] 화륜션

夾板船 [쟈빤촨] 종션

擺渡船 [쎄두촨] 나루비

舢板 [싼빤] 삼판

篷 [펑] 돗

鐵錨 [틔맛] 닷

櫓 [루] 로

轎子 [쟢쯔] 보교

棹子 [좌쯔] 키

兵船 [삥촨] 병션

驅逐艦 [취주쏀] 구축함

第九章 花草

櫻花是好看。[영화쓰화칸] 벗쏫은 보기가 좃소.

梅花開了。[메화키라] 믹화가 퓌엿슴니다.

到了九月菊花開。[닾라직웨쥐화키] 구월 되면 국화가 퓌오.

喇叭花是早起早早兒開的。[라빠화쓰잔치잔잔얼키듸] 메쏫은 아참에 일즉이 퓌오.

有高大的松樹, 那兒。[우쌒따듸쓩쑤나얼] 거긔 놉고 큰 소나무가 잇소.

梅和桃已經結了果了麽? [메히탚이징졔라궈라마] 믹화와 복숑아는 발셔 열엇슴닛가?

花纔散的。[화치싼듸] 쏫이 곳 써러졋소.

你知道蘑菇出來的地方麽? [늬지닾머구추래듸듸쌍마] 로형 버셧나는 곳을 아심닛가?

山裏有好些個。[싼리우화쎄거] 산에는 얼마든지 잇소.

我很愛吃栗子。[워흔애츼리쯔] 나는 밤을 썩 잘 먹소.

棗兒也味道好。[짶얼예위닾화] 대초도 맛이 좃소.

這是鳳山的梨。[져쓰뻥싼듸리] 이것은 봉산빅오.

買茄子來腌着罷。[매쟈쯔래옌져바] 가지 사다가 져리시오.

這個芹菜是非常的高香哪。[져거친치쓰쎄창듸쌒샹나] 이 미느리느물은 믹우 향긔 잇소.

您也愛玫瑰香麽? [닌예애메궤샹마] 로형도 장미화의 향긔를 사랑ᄒᆞ시오?

我很愛蘭花香哪。[워흔애란화샹나] 나는 란초쏫 향긔를 사랑ᄒᆞ오.

映水的藤花很好看。[잉쉬듸덩화흔화칸] 물에 빗최는 등쏫은 믹우 보기 좃소.

牡丹和芍藥, 您愛那個呢? [무딴히쌒얖닌애나거늬] 모란과 작약에 로형은 무엇을 사랑ᄒᆞ시오?
兩様兒都好。[량양얼뚜화] 두 가지 다 죳소.
我愛海棠花。[워애히당화] 나는 히당화를 사랑ᄒᆞ오.
我的院子裏花草很多。[워듸웬쯔리화챂흔둬] 우리 집 뜰에 화초가 미우 만소.
苗兒是草木剛出土兒的。[먚얼쓰챂무짱추투얼듸] 싹이라는 것은 초목이 막 짜에서 나오는 것이오.
草木都發生了。[챂무뚜빠썽라] 초목이 모다 발싱ᄒᆞ엿습니다.
你愛吃葡萄麽? [늬애츼푸탚마] 로형이 포도를 잘 자시오?
菊花和蘆花都開了。[쥐화히루화뚜킈라] 국화와 로화가 다 퓌엿습니다.
稻子都熟了。[닾쯔뚜쑤라] 베가 다 익엇습니다.
松樹就凌風站着。[쑹우쥐링뻥짠져] 솔나무는 바람을 업수이 여기고 셧소.
三南地方兒多有竹子。[싼난듸뺭얼둬위주쯔] 삼남디방에는 대나무가 만쇼.

單語

植物 [즤우] 식물
樹木 [쑤무] 슈목
水草 [쒸챂] 슈초
草 [챂] 풀
樹幹 [쑤깐] 가지
梗兒 [껑얼] 쥴기
芽 [야] 싹
花 [화] 꼿
葉子 [예쯔] 입
果品 [궈핀] 과실
樹枝兒 [쑤즤얼] 가지
花朵兒 [화둬얼] 꼿봉
椹兒 [썬얼] 열미
松樹 [쑹쑤] 솔
梅樹 [메쑤] 미화
櫻樹 [영쑤] 잉도
杉松 [싼쑹] 젓나무
梧桐 [우퉁] 오동
桃樹 [탚쑤] 복숑아
柳樹 [릭쑤] 버들
梨子 [리쯔] 비
槐樹 [홰쑤] 느트나무
海棠 [히탕] 히당
荷 [허] 련
躑躅 [데주] 쳘쥭
蘭花 [란화] 란초꼿
藤蘿 [텅뤄] 등
草花 [챂화] 초화

菊花 [쥐화] 국화
牡丹花 [무ᄯᅡᆫ화] 모란화
白果樹 [ᄇᆡ쒀쑤] ᄇᆡᆨ과슈
楓樹 [ᄫᅥᆼ쑤] 단풍
蘋果 [핀궈] 사과
芍藥 [쟢야] 작약
勤娘子 [친냥ᄍᆞ] 라발쏫
喇叭花 [라ᄲᅡ화] 라발쏫
芭蕉 [ᄲᅡ쟈] 파초
佛手 [ᄫᅮ쎠] 불슈
橘子 [쥐ᄍᆞ] 귤
栗子 [리ᄍᆞ] 밤
無花果 [우화궈] 무화과
柘〔石〕榴 [싀릭] 셕류
桂花 [ᄭᅰ화] 계화
棗兒 [좌얼] ᄃᆡ초
桃兒 [톼얼] 복숑아
竹子 [주ᄍᆞ] 대
玫瑰 [메ᄭᅰ] 메괴화
榛子 [쎤ᄍᆞ] ᄀᆡ암
李子 [리ᄍᆞ] 오얏
胡桃 [후톼] 호도
蘆葦 [루웨] 갈ᄶᅵ
杏兒 [싱얼] 살구
葡萄 [푸톼] 포도
鳳梨 [ᄫᅥᆼ리] 봉리
落花生 [뤄화ᄰᅥᆼ] 락화ᄉᆡᆼ[1]
十姊妹 [싀제메] 셕쥭화
人參 [싄ᅀᅥᆫ] 호라복
百合 [ᄇᆡ허] ᄇᆡᆨ합
水仙 [쉬쏀] 슈션
菖蒲 [챵푸] 창포
茬草 [자챠] 마름
蕨菜 [쮀치] 고사리
桑椹兒 [쌍썬얼] 옷의

第十章 商販

他買東西去了。[타매둥시취라] 졔가 물건을 사 갓습니다.
賣買〔買賣〕的很多。[매ᄆᆡ듸흔둬] 장사가 ᄆᆡ우 만쇼.
那個東西很好。[나거둥시흔화] 그 물건이 ᄆᆡ우 좃소.
價錢也賤。[쟈쳰예젠] 갑도 싸오.
價錢很貴。[쟈쳰흔쒸] 갑시 ᄆᆡ우 빗싸오.
一斤多少錢? [이진둬ᄡᅶ쳰] 한 근에 을마오닛가?
一噸三十塊錢。[이쓘싼시쾌쳰] 한 돈에 삼십 원이오.
偏巧没有錢了。[펜챠메우쳰라] 맛참 돈이 업습니다.
把銀子給匯去。[ᄲᅡ인ᄍᆞᄲᅦ훼취] 돈을 환젼 부쳐 쥬시오.
別這麼謊價。[ᄲᅦ져마황쟈] 이러케

① 락화ᄉᆡᆼ: 落花生. 땅콩.

외누리를 마르시오.

賺了錢了。[좐라첸라] 돈을 남겻습니다.

吃點兒虧了。[치뎬얼퀘라] 조곰 밋졋습니다.

賠了本兒了。[페라쌘얼라] 본갑이 밋졋습니다.

多少脚錢? [둬쌰쟈 [쟢] 첸] 삭이 얼마오닛가?

説是一塊五。[쉐쓰이쾌우] 일 원 오십 젼이라 ᄒᆞ오.

金子比銀子貴。[진쯔쎄인쯔쉬] 금은 은보다 빗싸오.

不能打價兒的。[부넝짜쟈얼듸] 능히 깍지 못ᄒᆞᆯ 것이오.

各處有一定的主顧。[써추우이띙듸주쑤] 각 쳐에 일뎡ᄒᆞᆫ 단골이 잇소.

請你記帳罷。[칭늬지쟝바] 청컨ᄃᆡ 외상 책에 올니시오.

他欠人的賬目就是三千多塊了。[타쳰신듸장무쥐쓰싼첸둬쾌라] 제가 남에게 빗진 것이 삼쳔여 원이오.

我不要借錢。[워부얀제첸] 나는 돈 취ᄒᆞ기를 시려ᄒᆞ오.

他的家裏天天兒花費的很多。[타듸쟈리텐텐얼화빼듸흔둬] 제 집에셔 날마다 쓰는 것이 ᄆᆡ우 만소.

票子是一張紙上頭寫着錢數兒。[퍞쯔쓰이장즤썅틱쎄져첸우얼] 표라 ᄒᆞ는 것은 일 장 조희 우에 돈 슈를 쓰는 것이오.

他很嗇刻, 不愛花錢。[타흔써커부애화첸] 져는 ᄆᆡ우 인석ᄒᆞ야 돈을 쓰지 안소.

小價錢買來的大價錢賣, 那不是賺錢麽? [쌴쟈첸매릐듸짜쟈첸미나부쓰좐첸마] 헐갑세 사다가 빗싸게 파니 그것이 남기는 것이 아니오닛가?

賠本是賠本, 不像他説的那麽賠本。[페쌘쓰페쌘부샹타워듸나마페쌘] 밋지기는 밋졋스나 제 말ᄒᆞ듯 그러케는 밋지지 아니ᄒᆞ엿소.

單語

洋行 [양항] 큰 상뎜

賣買〔買賣〕[ᄆᆡ매] ᄆᆡᄆᆡ

東西 [둥시] 물건

價錢 [쟈첸] 갑

謊價 [황쟈] 외누리

存款 [춘콴] 뎌금

匯銀 [회인] 환젼

支取 [즤취] 지츌

用錢 [융첸] 구문
算賬 [쏸장] 회계
結賬 [제장] 결산
股票 [꾸퍞] 주권
分利 [뻔리] 리익비당
匯票 [회퍞] 환표
虧空 [퀘쿵] 손실
盈餘 [잉위] 리익
擔保 [짠봐] 담보
本錢 [쌘첸] 자본
該錢 [끼첸] 부ᄎᆡ
掌櫃的 [장궤듸] 상뎜주인
賬目 [장무] 문셔

第十一章　鳥獸

有一隻鷄子。[위이지지쯔] 닭 ᄒᆞᆫ 마리가 잇습니다.

鷄子下了蛋了。[지쯔쌰라단라] 닭이 알을 낫습니다.

小鳥兒叫喚。[샾냐얼쟈환] 젹은 ᄉᆡ가 웁니다.

這是一隻鴨子。[저쓰이지야쯔] 이것은 한 마리 오리오.

老鴰是孝鳥。[랖쩌쓰쌷냐] 가마귀는 효조올시다.

有一隻老鷂鷹。[□□□ 〈위이지〉 랖얖잉] 독슈리 한 마리가 잇소.

鷂鷹抓了公鷄去了。[얖잉좌라쑹지취라] 독슈리가 ᄃᆞᆰ을 훔쳐 갓습니다.

猴兒是好像跟人似的一個走獸了。[훠얼쓰환썅끈신쓰듸이거쩌쩌라] 워[원] ᄉᆞᆼ이는 사ᄅᆞᆷ과 갓ᄒᆞᆫ 한낫 길즘싱이올시다.

天快黑了，百鳥都各自各兒歸了窩兒了。[톈쾌희라비냐쩌쩌쯔쩌얼쉐라워얼라] 날이 어두니 ᄇᆡᆨ조가 모다 각각졔 집을 차져감니다.

小孩兒哄着雀，從小路跑。[쌰히얼훙저챠충쌰루퐈] 아ᄒᆡ가 ᄉᆡ를 쫏차 소로로 좃차 ᄯᅱ여가오.

牛是拉車，還是耕田。 [부쓰라쳐히쓰껑톈] 소는 차도 ᄭᅳᆯ고 밧도 가오.

有一匹馬跑了。[위이피마퐈라] 말 한 필이 잇셔 다라낫소.

有五條狗、三個猫。[위우턒쩌싼거맢] 다셧 마리 ᄀᆡ와 셰 마리 고양이가 잇소.

羊是連紙都吃哪。[양쓰롄즤쩌츼나] 양은 조희ᄭᆞ지 모도 먹소그려.

羊毛往外國出口。[양맢왕왜궈추쿼] 양의 털으[은] 외국 가셔 파오.

象是印度那兒很多。[샹쓰인두나얼흔둬] 코키리는 인도게셔 만소.

我還没看見獅子。[워히메칸젠싀쯔] 나는 아즉 사즈를 못 보앗소.

駱駝很多的地方兒是蒙古哪。[뤄퉈흔둬듸듸빵얼쓰멍구나] 약대 만흔 디방은 몽고구려.

假虎威的狐狸哪。[쟈후웨듸후리나] 호랑의 위엄을 비른 호리구려.

這不是狗熊麽? [져부쓰쭈슝마] 이것이 곰이 아니오?

不是, 那是山猪了。[부쓰나쓰싼쥐라] 아니오. 그것은 산도야지오.

叫狗咬了。[쟈쭈얖라] 기에 물녓소.

你買了的是馬麽? [늬매라듸쓰마마] 로형이 사신 것은 말이오?

不是, 買的是騾子、驢了。[부쓰매듸쓰라쯔뤼라] 아니오. 산 것은 노식와 나귀오.

比牲口不如。[쎄엉컥부수] 짐싱만도 못ᄒ오.

那騾子十分膘壯。[나뤄쯔시쌘뱌좡] 져 노식가 아주 살졋습니다.

豹死留皮, 人死留名。[쌒쓰릭피신쓰릭밍] 표범이 죽음에 가족이 남고 ᄉ름이 죽음에 일홈이 남소.

麟鳳龜龍謂之四靈。[린쩡웨룽웨즤쓰링] 린봉구룡을 네 령물이라 ᄒ오.

單語

仙鶴 [쏀허] 학

孔雀 [쿵챺] 공작

鳳凰 [쩡황] 봉황

老鴰 [랖써] 가마귀

燕子 [옌쯔] 제비

野鷄 [예지] 씽

鴨子 [야쯔] 오리

鴿子 [써쯔] 비닭이

鸚哥 [잉써] 잉무

家雀兒 [쟈챺얼] 참ᄉ

夜猫子 [예만쯔] 올빔이

家鴨子 [쟈야쯔] 집오리

小鷄子 [쌴지쯔] 연계

鳶鳥 [옌냔] 솔ᄀ

公鷄 [숭지] 슈닭

母鷄 [무지] 암닭

喜鵲 [시챺] ᄉ치

杜鵑 [두젠] 두견이

雲雁 [윈옌] 종달이

駝鳥 [퉈냔] 타됴

羽毛 [위만] 깃

獅子 [싀쯔] 사ᄌ

老虎 [랖후] 호랑이

狗熊 [쭈쓩] 곰

狐狸 [후리] 여호
野猪 [예주] 산도야지
駱駝 [뤄퉈] 약ᄃᆡ
山羊 [싼양] 산양
鷹 [잉] 매
雁 [옌] 기러이
火鷄 [훠지] 칠면됴
象 [썅] 코기리
狸 [리] 삭
牛 [닉] 소
猪 [주] 도야지
猫 [맏] 고양이
馬 [마] 말
驢 [뤼] 나귀
鵝 [어] 거위
黃鶯 [황잉] ᄭᅬᄭᅩ리
狼 [랑] 이리
狗 [꺽] 개
耗子 [화쯔] 쥐
海獺 [ᄒᆡ타] 슈달피
野猫 [예맏] 톳기
猴兒 [혁얼] 원숭이
騾子 [라쯔] 노ᄉᆡ
羊羔兒 [양ᄭᅪ얼] 양의 삿기

第十二章 魚虫

池裏有魚了罷? [츼리우위라바] 못 속에 고기가 잇겟슴닛가?
有金魚和鯉魚。[우진위ᄒᆡ리위] 금어와 리어가 잇슴니다.
我們不很吃鱔魚。[워믄부흔츼싼위] 우리는 ᄇᆡᆷ장어를 마니 먹지 안소.
我也愛吃大頭魚。[워예애츼짜턱위] 나도 도미를 잘 먹슴니다.
買蝦米來了。[매쌰미래라] ᄉᆡ우를 사 왓슴니다.
釣魚出去了。[댶위추취라] 고기 잡으러 나아갓소.
鯨魚鱷魚没在這兒。[칭위어위메ᄌᆡ저얼] 고ᄅᆡ와 악어는 여긔 업소.
海裏頭有好些個魚。[ᄒᆡ리턱우화셰거위] 바다에 ᄆᆡ우 여러 고기들이 잇소.
螺螄〔螄〕藏在甲裏頭。[뤄쓰챵ᄌᆡ쟈리턱] 소라는 겁질 속에 숨어 잇소.
蛤蟆趴在溝沿兒。[하머파ᄌᆡ꺽옌얼] ᄀᆡ고리가 ᄀᆡ쳔 언덕에 업드렷소.
蚊子螫了。[운쯔저[쓰]라] 모긔가 무럿슴니다.
螞蜂螫了。[마ᅄ저[쓰]라] 벌이 쏘앗슴니다.
長蟲和蝎子是討人嫌的。[챵츙ᄒᆡ셰쯔쓰톼신셴듸] ᄇᆡ암과 빈ᄃᆡ는 ᄉᆞ롬의 시려ᄒᆞ는 것이오.

叫蠹子打了書了。[ᄌᆄᄶᅮᄶᅳ짜라슈라] 좀에게 ᄎᆡᆨ을 쏠녓슴니다.

明春我要養蠶。[밍츈워ᄋᆄ양ᄷᅡᆫ] 명츈에는 내가 양ᄌᆞᆷ을 ᄒᆞ겟소.

各地方有蠶業學堂。[써듸ᄲᅡᆼ우ᄷᅡᆫ예쑈탕] 각 디방에 잠업학교가 잇슴니다.

蠶兒是怎麽成絲呢? [ᄷᅡᆫ얼쓰즘마청쓰늬] 누에는 읏더케 실이 됨닛가?

做窩子再變成絲的。[줘워ᄶᅳᄌᆡ벤청쓰듸] 고치를 만든 후에 다시 변ᄒᆞ야 실이 되오.

老蜻蜻飛舞了。[ᄅᆄ뤼리ᄬᅦ우라] 잠아리[1]가 나름니다.

蛤蟆跳進溝裏去。[하머ᄐᆄ진ᄶᅮ리취] ᄀᆡ고리가 ᄀᆡ쳔으로 쒸여 드러감니다.

蛤蠣在海邊兒。[꺼리ᄌᆡᄒᆡ벤얼] 조긔가 ᄒᆡ변에 잇소.

長蟲本來不是個好東西。[창충쌘ᄅᆡ부쓰거화둥시] ᄇᆡ암은 원ᄅᆡ 조흔 물건이 아니오.

鷄在籬笆障根兒找着蟲子。[지ᄶᆡ리바장끈얼좌져충ᄶᅳ] 닭이 울 밋헤셔 버러지를 찻소.

蜂兒和蝴蝶從花裏頭來往不斷。[ᅄᅥᆼ얼ᄒᆡ후데ᄷᅮᆼ화리턱ᄅᆡ왕부돤] 벌과 나뷔가 ᄭᅩᆺ 속에셔 ᄅᆡ왕 부단ᄒᆞ오.

好像螞蟻趕集的樣子了。[화썅마이깐지듸양ᄶᅳ라] ᄀᆡ아미 장 스는 것과 갓소.

單語

鯨魚 [징위] 고ᄅᆡ

金魚 [진위] 금부어

鮫魚 [ᄌᆄ위] 교어

鰵魚 [민위] 민어

鯉魚 [리위] 리어

鯽魚 [지위] 부어

銀魚 [인위] 은어

鱔魚 [싼위] 빔장어

烏龜[우궤] 거북

撒蒙魚 [싸멍위] 고등어

大頭魚 [짜턱위] 도미

比目魚 [쎄무위] 가자미

烏賊魚 [우제위] 오징어

海蛤蠣 [ᄒᆡ꺼리] 큰 조긔

鮑魚 [ᄇᆄ위] 젼복

海参 [ᄒᆡ썬] ᄒᆡ삼

蝦米 [싸미] ᄉᆡ우

甲魚 [자위] 자라

章魚 [장위] 낙지

龍蝦 [룽싸] ᄃᆡ하

① 잠아리: 老蜻蜻. 잠자리.

蠶 [찬] 누에
螞蜂 [마뻥] 벌
螞蟻 [마이] 기미
蝴蝶兒 [후데얼] 나비
蜈蚣 [우궁] 진에
蚰〔蚰〕蜒 [쥐싼] 디룡이
蛆 [취] 구덕이
螞蚱 [마자] 뫼쑥이
螃蟹 [팡쎄] 게
蟈蟈兒 [궈궈얼] 귀또람이
蜜蜂 [미뻥] 술벌
蜘蛛 [즤주] 거믜
火蟲兒 [화츙얼] 반듸불
長蟲 [창츙] 빅암
蒼蠅 [창잉] 파리
蚊子 [원쯔] 모긔
虱子 [싀쯔] 이
蛇蚤 [씨좌] 베룩
臭蟲 [추츙] 빈딕
蝸牛 [꽈닉] 달핑이
蛤蟆 [하머] 기고리

第十三章 軍器

拿着長槍。[나져창창] 장창을 가졋습니다.
槍都是五裝的。[창뚜쓰우좡듸] 총은 모다 오련발이오.
中了那個射垛。[즁라나거써둬] 관혁에 마졋습니다.
弓是古時的武器。[궁쓰구시듸우치] 활은 고시딕의 무긔올시다.
拔刀砍了。[빠닾칸라] 칼을 쌔여 씩엇습니다.
吹笛的是軍隊哪。[취듸듸쓰쥔뒈나] 피리 부는 이가 군딕구려.
拿棍子來打他罷。[나쿤쯔래싸타바] 몽동이 갓다가 져를 싸리시오.
那是鼓聲兒啊。[나쓰구쌩얼아] 그것은 북소릭로구려.
從過年開仗了。[쭝궈녠키장라] 작년브터 젼징을 ᄒᆞ오.
這是中國的兵船。[저쓰즁궈듸삥 촨] 이것은 청국 병션이오.
放槍殺倒了一個兵隊。[뺑창싸닾라이거삥뒈] 총을 노아 병뎡 ᄒᆞ나를 죽엿다.
不要打仗了。[부얖싸장라] 젼징ᄒᆞ기를 원치 안엇다.

單語

彈子兒 [탄쯔얼] 탄환
機關炮 [지관팦] 긔관포
連環槍 [렌환창] 련발포
單響槍 [짠썅창] 단발총

大炮 [짜팦] 딕포
野炮 [예팦] 야포
快槍 [쾌창] 속사포
炮車 [팦쳐] 포거
地雷 [디레] 디뢰포
槍 [창] 총
弓 [숭] 활
劍 [젠] 칼
箭 [진] 살
鼓 [우] 북
笛 [듸] 피리
喇叭 [라빠] 라팔
軍旗 [쥔치] 군긔
軍糧 [쥔량] 군량

第三編　問答

第一課　人事

您納貴姓? [닌나쉬싱] 뉘시오닛가?
賤姓王。[진싱왕] 쳔 셩은 왕가오.
請教台甫。[칭쟌틱뿌] 별호는 무엇이시오?
草字相臣。[챠쯔상천] 일홈은 상신이오.
貴昆仲幾位? [쉬쿠[쿤]즁긔위] 안힝이 멧 분이시오?
我們弟兄五個。[워믄듸쓩우거] 나는 오 형뎨오.
府上在那兒住? [뿌쌍쯰나ㅣ얼주] 딕이 어딕시오?
住在王城裏。[주쯰왕청리] 왕셩안에 잇습니다.

第二課　訪问

今天好啊? [진톈화아] 오날 웃더시오?
是誰啊? [쓰쉬아] 뉘시오?
是我。[쓰워] 네, 나요.
請進來。[칭진릭] 드러오시오.
這幾天老没見了。[져지톈란메진라] 요시는 못 뵈엿소그려.
久違了。[직웨라] 오릭 못 뵈엿소.
請坐, 喝茶罷。[칭쥐허차바] 안져 차 마시시오.
近來怎麼樣? [진릭즌마양] 근릭 웃덧습닛가?
好, 托福托福。[화퉈뿌퉈뿌] 덕분에 잘 잇습니다.

第三課　新喜

哥哥新喜啊。[꺼꺼신시아] 형님 환셰 안녕이 ᄒᆞ셧습닛가?
好説, 大家同喜啊。[화쉐짜쟈퉁시아] 조흔 말이오. 환셰 평안이 ᄒᆞ셧소?
哥哥, 請坐。[꺼꺼칭줘] 형님 안즈시오.
做甚麽? [줘슴마] 무엇을 ᄒᆞ겟소?
給哥哥拜年哪。[께꺼꺼빅넨나] 형님께 셰빅ᄒᆞ겟소.

甚麽話呢? [슴마화늬] 무ᄉᆞᆫ 말ᄉᆞᆷ이오?

是該當磕頭的。[쓰ᄭᅵ당커투ᄃᆡ] 녜, 당연이 ᄇᆡ례ᄒᆞᆯ 것이오.

請起請起。[칭치칭치] 이러나시오.

請吃幾個餃子罷。[칭츼지거쟌ᄶᅳ바] 만두 몟 ᄀᆡ 자부시오.

我在家裏吃了出來的。[워ᄶᅵ쟈리치라추ᄅᆡ듸] 나는 집에셔 먹고 왓습니다.

第四課 先生來

老爺, 先生來了。[랖예쎈엉ᄅᆡ라] 영감 션ᄉᆡᆼ님 오셧습니다.

請拿茶來啊。[칭나차래아] 청컨ᄃᆡ 차 가져오너라.

先生請坐。[쎈엉칭줘] 션ᄉᆡᆼ님 안즈십시오.

請坐。[칭줘] 안게.

昨天看那話條子, 有幾處不懂得。[줘텐칸나화턒ᄶᅳ우지추부둥더] 어제 본 말책에 몟 군ᄃᆡ 모를 것이 잇습니다.

還有甚麽難處呢? 您納說一說。[히우슴마나추닌닌나쉬이쉬] 그져 무ᄉᆞᆫ 무를 것이 잇나? 그ᄃᆡ가 한 번 말ᄒᆞ여 보게.

這一個字我找不着。[져이거ᄶᅳ워좌부저] 이 글ᄌᆞ는 차질 슈 업셔오.

那是個俗字典上沒有的。[나쓰거쑤ᄶᅳ뎬쌍메우듸] 그것은 속자뎐에는 업는 것일세.

就是這個呢? [쥐쓰저거늬] 그러면 이 ᄌᆞ는 무엇이오닛가?

那是衆字。[나쓰쭁ᄶᅳ] 그것은 무리 즁자일세.

第五課 晚上好

今兒晚上好啊? [진얼완썅화아] 오늘 져녁은 웃더시오?

來的正好。[ᄅᆡ듸쩡화] ᄆᆡ우 잘 오셧습니다.

先生在家麽? [쎈엉ᄶᆡ쟈마] 션ᄉᆡᆼ이 ᄃᆡᆨ에 계시오?

在家。[ᄶᆡ쟈] 집에 계심니다.

我要和他見面說話。[워얖히타ᄶᅧᆫ멘쉬화] ᄂᆡ가 져고 말슴ᄒᆞ려 ᄒᆞ오.

請進來罷。[칭진ᄅᆡ바] 청컨ᄃᆡ 드러오시오.

從那兒進去好啊? [충나얼진취화아] 어ᄃᆡ로 드러가야 좃소?

簡直的往裏頭走。[젠즤듸왕리투작] 곳 속으로 드러오시오.

請先生安。[칭쏀엉안] 션싱 긔운 읏더시오?

你找我有甚麽貴幹? [늬쟈워우슴마쒸깐] 로형이 나를 차져 무슨 훌 일이 잇소?

些微有點兒事奉求。[쎄웨우덴얼쓰뼝칙] 조곰 아흔 일이 잇셔 엿쥬려 흐오.

第六課 散步去

令尊大人好哪? [링쓘짜싄화나] 츈부쟝 긔운이 읏더시오?

托福，很康健。[퉈뿌흔캉젠] 덕퇵으로 미우 강건흐오.

你忙不忙啊? [늬망부망아] 로형 밧부시오 아니 밧부시오?

是, 近來我忙。[쓰진릭워망] 녜, 요식 나는 밧부오.

一塊兒散步出〔去〕罷。[이쾌얼싼부취바] 한가지 산보 나아갑시다.

到那個山上去好呢。[짜나거싼썅취한늬] 그 산 우로 가면 좃소.

太乏了, 歇一會兒。[틱빤라쏀이회얼] 미우 곤흐니 좀 쉬입시다.

你别這麽拘禮。[늬베져마쥐릐] 로형 이러케 체면 차리지 마시오.

多謝盛情。[쒀쎄싱칭] 셩의는 감스흐오이다.

你怎麽這麽忙啊? [늬즘마져마망아] 로형 읏지흐야 이러케 밧부시오?

天不早了。[텐부잔라] 느졋습니다.

我要失陪了。[워야싀뻬라] 나는 실례흐겟소.

回去打那兒去抄近? [회취짜나얼취챠진] 도라갈 졔 어듸로 가면 갓갑겟소?

你可帶路到西山去罷。[늬커쒸루짜시싼취바] 로형은 길을 짜라셔 산으로 가시오.

第七課 出門去

你昨兒個出門了麽? [늬쥐얼거추먼라마] 로형 어제 문에 나아갓습듸가?

是，出門去了。[쓰추먼취라] 녜，나아갓셧습니다.

到那兒去來着? [닫나얼취래져] 어듸 갓다가 왓소?

上京城來了。[썅징청래라] 경셩 갓다가 왓소.

是你一個人去的麽? [쓰늬이거신

취듸마] 로형 혼자 가셧슴닛가?
還同着兩位朋友。[히퉁져량위펑 우] 친구 두 분과 갓치 갓슴니다.
是閑逛去了麽? [쓰쏀쫭취라마] 놀너 가셧슴닛가?
不是, 要買東西去了。[부쓰얖미둥 시취라] 아니오. 물건 사러 갓슴니다.
甚麽東西呢? [슴마둥시늬] 무슨 물건이오?
些個古玩玉器和零用的傢伙。[쎼거쑤완위치훠링융듸자훠] 몟 ᄀᆡ 고물 옥그릇과 잡살방이[1] 세간이오.

第八課 看戲去

今兒咱們看戲去罷。[진얼자먼칸시취바] 오날 우리 희듸 보러 갑시다.
是, 那麽奉陪。[쓰나머뼝페] 그러면 모시고 가겟소.
已經開戲了, 快走罷。[이징킈시라쾌쩌바] 발셔 희듸를 여럿소. 얼는 갑시다.
坐電車去怎麽樣? [쭤뎬쳐취즘마양] 뎐차로 가면 엇덧소?
那麽着很好。[나머져흔화] 그러면 미우 죳소.
叹〔哎〕呀, 戲臺上很好看哪。[애야시틱썅흔화칸나] 아, 희듸 위가 미우 보기 조쿠려.
這個館子是敝國頂出名的。[져거꽌쯔쓰쎄궈띙추밍듸] 이 연극당은 폐국에 미우 유명ᄒᆞ오.
可不是麽, 一切的戲衣都是加工細做的, 所用的林〔材〕料都是綢子緞子。[커부쓰마이쳬듸시이뚜쓰자궁시줘듸쉬융듸치랴뚜쓰뚜쯔돤쯔] 아니 그러켓소. 모든 연극 옷이 다 훌륭ᄒᆞ고 소용의 지료가 다 비단이구려.

第九課 學堂話

你上那兒去了? [늬썅나ㅣ얼취라] 로형 어듸로 가시오?
上學堂去了。[썅쑈탕취라] 학교로 가오.
是那個學堂? [쓰나거쑈탕] 어느 학교오닛가?
是在大街上的。[쓰찌따계썅듸] 네, 듸로변에 잇소.

---

① 잡살방이: 零用. 자잘한.

啊, 那麽是個醫學堂? [아나머쓰거이쑈탕] 아 그러면 의학교요?
不錯。[부춰] 그럿소.
幾位教習? [지위쟈싀] 교ᄉ가 멧 분이시오?
三十五位教習。[싼싀우위쟈싀] 삼십오 명의 교사오.
學生共總有多少? [쑈엉궁즁위둬쏘] 학ᄉ잉이 모다 을마나 잇소?
五百個人。[우빅거싄] 오빅 명이오.
幾點鐘上堂? [지덴즁쌍탕] 멧 졈에 상학ᄒ오?
早起八點鐘上堂。[잔치빠덴즁쌍탕] 아츰 여ᄃ禹 졈에 상학ᄒ오.
幾點鐘下堂? [지덴즁쌰탕] 멧 뎜에 하학ᄒᆞᆸᄂᆞᆺ가?
下午三點鐘。[쌰우싼덴즁] 하오 셕 졈이오.

第十課 幾兒來

您納是幾兒打屯裏來的? [닌나쓰지얼싼툰리릭듸] 로형 멧친날 둔에셔 오셧소?
我到了好些日子了。[워닾라한쎄이쯔라] 나는 온 지 여러 날 되엿소.
您納來了, 我總沒聽見説。[닌나릭라워쭝메팅진숴] 로형 오신 쥴은 내 도모지□〈못〉 드럿소.
若聽見, 我也早來醮〔瞧〕來了。[숴팅진워예잔릭챠릭라] 만약 드럿드면 나도 발셔 와셔 보엿겟소.
你們的地方在那兒? [늬먼듸디쨩쯰나ㅣ얼] 로형의 시골이 어딕오?
在忠州所屬的地方兒。[쯰즁쥐숴쑤듸듸쨩얼] 츙쥬 소속의 디방이오.
堤川麽? [듸촨마] 졔쳔이오닛가?
不是, 是鷲溪。[부쓰쓰무지] 아니오. 목계오.
今年那兒的莊稼如何? [진녠나얼듸쫭자수허] 금년에 거긔 년형이 웃덧소?
很好, 豐盛大收了。[흔한뻥싱싸석라] ᄆᆡ우 죳소. 풍년이라 잘 거두엇소.
新稻一石多少錢買賣? [신닾이싼둬쏘첸매ᄆᆡ] 신도 한 셤에 얼마로 ᄆᆡᄆᆡᄒᆞᆸᄂᆞᆺ가?
不過是五六塊。[부궈쓰우루쾌] 불과 오륙 원이오.
大豆怎麽了? [싸뚜즌마라] 콩은 웃덧습닛가?
十來個錢一升了。[싀릭거쳰이싱라] 한 되에 십 젼 이내오.
許多年來沒有這麽賤。[쉬둬녠릭

메우져마찐] 년ᄅᆡ에 이러케 싼 젹이 업소.

第十一課 買褂子

這件掛〔褂〕子在鋪子裏買的麼? [저졘꽈쯔푸쯔리매듸마] 이 바지는 젼에셔 산 것이오닛가?

不是鋪子裏的, 廟上買的。[부쓰푸쯔릐듸먀쌍매듸] 아니오. 뎐에셔 산 것이 아니라 장에셔 산 것이오.

多少銀子買的? [둬쏴인쯔매듸] 을마에 산 것이오?

你白猜一猜。[늬ᄇᆡᄎᆡ이ᄎᆡ] 로형 아라보시오.

這件至不濟也值三百兩銀子。[저졘즤부지예즤싼ᄇᆡ량인쯔] 이것은 지극히 헐ᄒᆞ여도 은ᄌᆞ 삼ᄇᆡᆨ 량은 쥬겟소.

我從二百兩上添起, 添到二百五十兩上, 他就賣了。[워충얼ᄇᆡ량쌍텐치텐닾얼ᄇᆡ우싀량쌍타쥐ᄆᆡ라] 나는 이ᄇᆡᆨ 양으로 조쳐 말ᄒᆞ야 이ᄇᆡᆨ오십 량ᄭᆞ지 올닌즉 제가 곳 파럿소.

價錢怎麼這麼賤? 從前像這樣兒的, 至平常得五百兩銀子。[쟈쳰즌마져마졘츙쳰썅저양얼듸지핑챵데우ᄇᆡ량인쯔] 갑시 웃지ᄒᆞ야 이러케 싸오? 젼에는 이러ᄒᆞᆫ 것이 싸도 오ᄇᆡᆨ 원이엿소.

第十二課 往那去

你納往那兒去來着? [늬나왕나ㅣ얼취ᄅᆡ져] 로형은 어ᄃᆡ 갓다ᄀᆞ 오시오?

我往那邊兒一個親戚家去來着。[워왕나벤얼이거친치쟈취ᄅᆡ져] 나는 그쪽 일가 집에 갓다가 왓소.

順便我〔兒〕到兒〔我〕們家裏坐坐兒罷。[슌벤얼닾워믄자리줘줘얼바] 가시는 길에 ᄂᆡ 집에 오셔셔 노시오.

大哥, 您納在這兒住着麼? [따꺼닌나ᄶᆡ져얼주저마] 로형은 여긔 사르시오?

是啊, 新近搬了來的。[쓰아신진빤라ᄅᆡ듸] 그럿소. ᄉᆡ로 이사 왓소.

我若知道, 就早過來看你納來了。[워숴지닾쥐짶궈ᄅᆡ칸늬나ᄅᆡ라] 내가 만일 아럿더면 벌셔 와셔 로형을 뵈엿겟소.

這是我家, 你納請上坐。[저쓰워쟈늬나칭쌍줘] 이것은 내 집이오.

드러 안즈시오.
這兒坐着舒服。[저얼줘저쑤뿌] 여긔 안져도 편ᄒᆞ오.
你納這麽坐了，叫我怎麽坐呢？[늬나저마줘라쟌워즌마줘늬] 로형이 이러케 안즈시면 나다려는 웃지 안즈라 ᄒᆞ시오?
已經坐下了，這兒有個靠頭兒。[이징줘쌰라저얼우거좌뚜얼] 안졋습니다. 여긔 안즐 것이 잇소.

第十三課 拿火來

家裏人呢？ 拿火來。[쟈리신늬나훠릭] 아무기 잇나? 불 가져오게.
大哥，我不吃烟，嘴裏長了口瘡了。[짜꺼워부츼옌쮀리창라쿼창라] 형님 나는 담빅 아니 먹소. 입에 구창이 낫소.
若是這麽着，就快到〔倒〕茶來。[숴쓰져마져주쾌돠차릭] 만일 이러ᄒᆞ면 곳 차 가져오게.
大哥請茶。[짜꺼칭차] 형님 차 잡으시오.
好熱茶啊，略凉一凉兒罷。[한서차아뤄량이량얼바] 너무 더운 차오. 좀 시키시오.
是啊。[쓰아] 녜.
看飯去，就把現成兒的快拿了來。[칸빤취주빠쏀청얼듸쾌나라릭] 가셔 밥 보시오. 그리고 지금 만든 것을 얼는 가져오시오.
大哥別費心，我還要往別處兒去呢。[짜꺼뻬뻬신워히얀왕뻬추얼취늬] 형님 염려 마시오. 나는 또 싼 데 갈 데가 잇소.
怎麽咯，現成兒的又不是爲你納預備的，隨便兒將就着吃點兒罷。[젼마러쏀청얼듸우부쓰웨늬나위베듸쉬벤얼장주져츼덴얼바] 무슨, 지금 만든 것은 또 로형을 위ᄒᆞ야 예비ᄒᆞᆫ 것이 아니니 마음 노시고 좀 잡슈시오.
大哥，我還作客麽，已經認得府上咯。[짜꺼워히줘커마이징신더뿌쌍러] 형님 내가 킥변을 ᄒᆞ겟소. 발셔 딕을 다 짐작ᄒᆞ는데.

第十四課 吊喪去

仙〔他〕們家裏誰不在了？[타먼쟈리쉬부ᄶᅢ라] 져의 집에 누가 국겻소[1]?
他的父親不在了。[타듸뿌친부ᄶᅵ]

① 국겻소: 不在了. 죽엇소.

라] 져의 부친이 국겻소.

你吊喪去來没有? [늬댶샹취래메 위] 로형 조상 갓다 오셧소?

昨兒做道場, 我在那兒坐了一整天呢。[쥐얼쥐댶창워얘나얼쥐라이졍텐늬] 어졔 직 올니는데 내가 거긔 가셔 종일 잇셧소.

多咱出殯? [둬짠추쎈] 은졔 츌빈ᄒᆞ오?

説是月底。[쉬쓰웨듸] 그믐께라 말합듸다.

他們塋地在那兒? [타먼잉듸얘나ㅣ얼] 져의 묘소가 어ᄃᆡ오?

離我們家的墳地很近。[리워믄쟈듸뽠듸흔진] 우리 집 묘소에셔 ᄆᆡ우 갓갑소.

若是這麽着, 道兒很遠哪。[쉬쓰저마저댶얼흔웬나] 만일 이러ᄒᆞ면 길이 ᄆᆡ우 머오구려.

不過是三十多里罷。[부궈쓰싼싀둬리바] 불과시 삼십여 리오.

三十多里不遠麽? [싼싀둬리부웬마] 삼십여 리가 머지 안소?

遠是遠, 雖然當天可以回來呢。[웬쓰웬쉬산당텐커이회래늬] 멀기는 멀지마는 당일에 도라옵니다.

在遠處兒葬埋雖説是好, 若到了子孫們没有力量兒, 就難按着時候兒上墳了。[얘웬추얼장메쉬쉬쓰한쉬댶라쯔쑨믄메우리량얼짇난안져시훡얼쌍뽄라] 먼 데 ᄆᆡ장ᄒᆞᆷ을 비록 좃타 ᄒᆞ나 ᄌᆞ손에게 이르러 형셰가 업스면 곳 ᄯᅢ맛초어 셩묘ᄒᆞᆯ 슈 업소.

第十五課 五個兒子

你有幾位令郎? [늬익지위링랑] 로형 ᄌᆞ졔가 몟 분이오?

我有五個兒子。[워익우거얼쯔] 나는 ᄌᆞ식이 다셧이오.

出了花兒了没有? [추라화얼라메 위] 나셔 업시 니는 업소?

生了五個, 存了五個。[엉라우거춘라우거] 다셧 나셔 다셧 사랏소.

你是很有福的人啊。[늬쓰흔위뿌듸신아] 로형 참 유복ᄒᆞᆫ ᄉᆞᄅᆞᆷ이오.

甚麽福啊, 前生造的罪罷咧。[슴마뿌아첸엉잪듸쬐바레] 무슨 복이겟소. 젼싱에 지은 죄올시다.

甚麽的話頭兒了麽? [슴마듸화뚜얼라마] 무슨 말숨이오?

你還不知道了。[늬히부지댶라] 로형 아즉 모르시오.

大些兒的還好點兒, 小些兒的每天吱兒喳兒的吵的, 連心裏都熟燙了。[짜쎄얼듸히화덴얼쌰쎄얼듸메텐지얼사얼듸챠듸렌신리뿌석탕라] 큰 것들은 그ᄅᆡ도 좀 나으나 적은 것들은 ᄆᆡ일 쌔쌕ᄒᆞ고

써드러 속이 죄 탐니다.

世上的人都是這麼樣，子孫富的人們又嫌多了抱怨。[시썅듸싄뚜쓰져마양쯔쑨쭈듸싄먼위쎈둬라바웬] 세상 ᄉᆞ룸이 모다 이러ᄒᆞ구려. ᄌᆞ존 만은 ᄉᆞ룸들은 쏘 만흔 것을 혐원ᄒᆞ오구려.

第十六課 拿水來

來。[래] 오너라.

喳。[자] 녜.

拿水來。[나쉬릐] 물 가져오나라.

老爺要的是凉水是開水？ [랖예야듸쓰량쉬쓰키쉬] 영감 찬물이오닛가 더운물이오닛가？

要凉水洗澡，要温水洗臉。[야량쉬시쟢야운쉬시렌] 찬물은 목욕ᄒᆞ겟고 더운물은 낫 씻겟다.

臉盆裏有温水，那澡盆是漏的，怕能倒水。[렌픈리위운쉬나쟢픈쓰루듸파넝닾쉬] ᄃᆡ야에 더운물이 잇고 목욕 그릇은 식여셔 물 싸를 슈가 업소.

快叫人收拾罷。我那衣裳，你抽扞〔打〕了没有？ [쾌쟢싄쇠씌바워나이샹늬춰짜라메우] 얼는 사룸 불너 곳쳐라. 내 옷 다 내여노앗느냐？

衣裳是早已抽打了，靴子也刷了。[이쌍쓰쟢이춰짜라쒜쯔예솨라] 옷은 벌셔 내여노앗습고 신도 닥것습니다.

怎麽呢？ 那手巾那胰子，還擱在那裏？ [즘마늬나쇠진나이쯔히써씌나ㅣ리] 웃지ᄒᆞ엿느냐？ 슈건과 비누는 어듸 두엇느냐？

那胰子在屜板兒上，手巾在架子挂着。[나이쯔씌틔싼얼썅쇠진씌쟈쯔꽈져] 비누는 셜합 우에 잇고 슈건은 홰썩에 거럿습니다.

第十七課 初對面

尊姓大名？[쮼싱짜밍] 뉘시오닛가？

我賤姓李，小名叫重果。[워쪤싱릐쌒밍쟢즁궈] 내 셩은 리가오，일홈은 즁과오.

貴處那一省？ [쒸추나ㅣ이셩] 어느 셩에 사시오？

敝處河南省。[쎄추허난셩] 나는 하남셩에 사오.

貴甲子？ [쒸쨔쯔] 무슨 싱이시오？

我還小哪，今年三十五歲。[워히쌒나진녠싼싀우쉐] 나는 졈소. 금년에 삼십오 셰오.

你貴庚? [늬궤겅] 무슨 ᄉᆡᆼ이시오?

我虛度五十歲了。[워쉬두우싀쉐라] 나는 헛되이 오십 살을 지냇소.

好福氣, 很康健。[화ᅗᅮ치흔캉젼] 복 만흐시오. ᄆᆡ우 강건ᄒᆞ시오.

府上都好啊? [ᅗᅮ쌍뚜화아] ᄃᆡᆨ내가 다 일안ᄒᆞ시오?

托您的福都好。[퉈닌듸ᅗᅮ뚜화] 덕ᄐᆡᆨ에 다 일안흡니다.

他位是你的父親麽? [타워쓰늬듸ᅗᅮ친마] 져분이 로형 츈부장이시오?

不是, 是我的叔叔。[부쓰쓰워듸쑤쑤] 아니오. 우리 아자씨오.

他的歲數兒多大呢? [타듸쉐쑤얼뚸짜늬] 져의 나히가 을마나 되오?

比我大三十多。[쎄워짜싼싀뚸] 나보다 삼십 살이 만소.

不顯那麽老, 頭髮并不很白。[부쏀나머랖퉈빠쎙부흔ᄇᆡ] 그러케 늙어 뵈이지 안소. 두발이 다 ᄆᆡ우 희지 안소.

第十八課 有誰來

今兒有誰來過麽? [진얼우쉬래궈마] 오날 누가 왓다 갓소?

大人出去之後, 有倆人瞧來了, 說是大人升了官, 道喜來了。[짜신추취즤훠우랴신챠래라숴쓰짜신성라꽌닾시래라] 영감 나가싀[신] 후에 두 분이 오셔서 말ᄒᆞ기를 영감이 벼살 승차ᄒᆞ심으로 치하 왓다 흡듸다.

誰出去答應的? [쉬추취짜잉듸] 누가 나아가 응답ᄒᆞ엿소?

我在門口兒站着來着, 我說大人沒在家, 老爺們請到裏頭坐罷。他們不肯進來, 回去了。[워쬐먼컥얼잔져리져워숴짜신메쬐쟈랖예먼칭닾리퉈쭤바타먼부컨진래회취라] 내가 문 압헤 셔셔 말ᄒᆞ기를 영감이 ᄃᆡᆨ에 안 계시다 ᄒᆞ고 여러분 드러와셔 안지시라 ᄒᆞ엿더니 이들이 질겨 드러오지 안코 갓습니다.

都是甚麽樣兒? [뚜쓰슴마양얼] 다 모습이 읏덧습듸가?

一個是胖子, 比大人略高些兒, 四方臉兒, 連鬢鬍子, 暴子眼兒, 紫糖色。那一個真可笑, 臟的看不得, 一隻眼, 而且糨稠麻子, 又是滿下巴的捲毛兒鬍子的。[이거쓰팡쯔세짜신뤼쌰쎄얼쓰ᅗᅡᆼ렌얼렌빈후쯔반쯔옌얼쯔탕써나이거

쎤커쌴장듸칸부더이지옌얼체쟝쳐마쯔위쓰만싸쌔듸쫜머얼후쯔듸] 한 분은 살이 쪗는데 영감보다 조곰 크고 얼골이 번듯ᄒᆞ고 구레나룻에 부리부리ᄒᆞᆫ 눈에 검붉은 빗이오. 쏘 한 분은 참 가쇼로은 것이 한 쪽 눈이 익구요. 쏘 곰보에다가 아릐턱에 그득ᄒᆞᆫ 쇠불쇠불ᄒᆞᆫ 슈염입듸다.

第十九課 中秋日

今兒個是幾兒了? [진얼거쓰지얼라] 오날이 멧칠이오닛가?

今兒個是八月十五。[진얼거쓰빠웨싀우] 오날이 팔 월 보름이오.

嗳呀, 是中秋三五哪。[애야쓰즁취싼우나] 아ㅣ 즁츄 삼오이구려.

請坐, 這現成兒的月餅, 請吃幾個罷。[칭줘져쎈청얼듸웨삥칭츼지거바] 온즈시오. 여긔 싀로 만든 월병이 잇스니 멧 기 자시오.

吃的飽了, 再不能吃。[츼듸밮라쯰부넝츼] 마니 먹어셔 더 먹을 슈 업소.

吃的那麼飽麼? 年輕的人兒, 纔吃了, 就餓啊, 想必是裝假罷。[츼듸나마밮마녠칭듸싄얼칙츼라직어아썅쎄쓰좡쟈바] 무슨 빈가 부르시겟소. 졂으신 이들은 잡슈면 곳 시장ᄒᆞ시지오. 필시 그짓말슴이지오.

真的呀, 在哥哥家我還作客氣麼? 撒謊的是猴兒。[쎤듸야쯰쩌쩌쟈워히줘커치마싸황듸쓰흑얼] 정말이오. 형님 딕에셔 내가 치변ᄒᆞ겟소. 그짓말이면 원슝이지오.

那麼就倒茶來。[나마직닾차래] 그러면 곳 차 가져오겟소.

哥哥, 我不喝。[쩌쩌워부허] 형님 나는 못 마시겟소.

怎麼? [즘마] 웃지ᄒᆞ야셔 그럿소?

我還要到別處兒去。[워히얖닾쎄추얼취] 내 쏘 쏜 데를 가야 ᄒᆞ겟소.

第二十課 火車去

你坐火車去, 是坐船去? [늬줘훠쳐취쓰줘촨취] 로형 차 타고 가시겟소 빈 타고 가시겟소?

我要坐火車去。[워얖줘훠쳐취] 나는 긔차 타고 가겟소.

是早車, 是晚車? [쓰잪쳐쓰완쳐] 첫차오 막차오?

早車太早, 晚車太晚, 我要坐午車

去。[좌쳐태좌완쳐태완워야줘우쳐취] 쳣차는 너무 일고 막차는 너무 느져셔 나는 오차로 가겟소.

行李多不多? [싱릐둬부둬] 힝장이 만습닛가?

不多，就有一個皮箱，没有甚麽別的。[부둬직우이거피샹메우슴마쎄듸] 만치 안소. 피상ᄌᆞ ᄒᆞ나 잇고 싼 것은 업소.

那麽叫苦力去麽? [나머쟈쿠릐취마] 그러면 삭군 불너 가시겟소?

不，我自己帶去。[부워쯔지씌취] 아니오. 내가 가지고 가겟소.

火車開了没有? [훠쳐캐라메우] 화차가 써낫쇼 아니 써낫쇼?

纔開了不大的工夫兒。[치키라부싸듸궁우얼] 곳 써는 지 얼마 아니 되오.

哎呀，下一趟的火車是甚麽時候兒開呢? [애야쌰이탕듸훠쳐쓰슴마시훠얼키늬] 아이고 막차는 몟 시에 써남닛가?

那是末末了兒的火車，再没有了。[나쓰머머랸얼듸훠쳐찌메우라] 그것이 막ᄎᆞ오. 다시는 업습니다.

啊，没法子，等明天走罷。[아메빠쯔덩밍텐쩍바] 아ㅣ할 슈 업소. 명일을 기다려 가여겟소.

請您買票罷。[칭닌매퍞바] 로형 차표 사시오.

我已經買好了。[워이징매화라] 나는 삿습니다.

請您上車罷，不送不送。[칭닌쌍쳐바부쑹부쑹] 로형 차 타시오. 젼송치 안소.

別送別送。[베쑹베쑹] 젼송 말으시오.

第二十一課 送行來

少見少見，好啊您納? [쌒쏀쌒쏀화아닌나] 오릭 못 보엿소. 웃덧습니가?

托福托福，您這麽早早兒的到舍下來，有何見教? 請坐請坐。[퉈뿌퉈뿌닌져마좌좌얼듸닾써쌰릭위허진쟢칭줘칭줘] 로형 덕분이오. 로형이 이러케 일즉이 닉게 오셧스니 무슨 말솜이 잇소? 안지시오.

您請坐罷，聽設〔説〕您今兒早起身要下鄉去，所以我就給您送行來了。[닌칭줘바틩쉬닌진얼좌치쎤야쌰샹취숴이워직께닌쑹싱릭라] 로형 안즈시오. 들으니 로형이 오날 아츰에 시골을 써나신다 ᄒᆞ기에 내 로형 젼송 왓습니다.

啊, 勞駕勞駕, 你實在多禮了。[아랖쟈랖쟈늬싀씨뒤레라] 아ㅣ 슈구ᄒᆞ셧습니다. 로형이 참 례가 만습니다.

該當的, 您這回下鄉去, 有何貴幹? [씌당듸닌저회햐썅취우허쒸깐] 맛당ᄒᆞᆫ 일이지오. 당신은 이번에 시골 가시는 것이 무슨 일이 잇소?

没甚麽要緊的事情, 爲得不過是游歷去的。[메슴마얀진듸쓰칭웨더부궈쓰우릐취듸] 무슨 요긴ᄒᆞᆫ 일은 업고 불과시 유람ᄒᆞ러 감니다.

連來帶去, 總得要多少日子呢? [렌릐쎅취쭝데얀둬쌒ᄉᆡ쯔늬] 가고 오기ᄭᆞ지 멧칠이나 되겟슴닛가?

這還不一定, 少也不下倆多月的光景罷。[저히부이찡쌒예부쌰랴둬웨듸꽝징바] 이것은 일졍치 못ᄒᆞ오. 젹어도 두어 달 동안은 되겟습니다.

要走的總有多少里路呀? [얀쩌듸쭝우둬쌒릐루야] 가실 데가 모다 멧 리나 되오?

通共筭起來, 有三百多里的光景罷。[퉁궁쏸치릐우싼빅둬릐듸꽝징바] 도합 삼빅여 리 되겟습니다.

啊, 遠哪, 怎麽你能步行兒走呢? [아원나즘마늬넝부싱얼쩌늬] 아 머ㅣ오그려. 엇지 로형이 거러가시겟소?

也没甚麽爲難的。慢慢兒的, 一天走個二十里呀, 四十里的道兒麽, 脚也覺不着疼了罷。[예메슴마웨난듸만만얼듸이텐쩌거얼싀리야쓰싀릐듸닾얼마쟈예쥐부쟢텅리바] 아 모 어려울 것이 업소. 쳔쳔히 하로에 이십 리나 사십 리의 길을 가면 다리도 압흔 줄 모릅니다.

這話也不錯, 可是還有個伴兒麽? 是您單走呢? [져화예부춰커쓰회우거싼얼마쓰닌딴쩌늬] 이 말삼도 괴이치 안소. 그런대 또ᄒᆞᆫ 동힝이나 잇소? 로형 혼자 가시오?

還有打幫走的一位朋友了。[히우타쌩쩌듸이웨펑우라] 또한 작반하야 갈 친구 한 분이 잇소.

那更好罷。[나껑화바] 그는 참 조켓소.

我這就要起身了, 可是因爲行期很忙, 不能到府上和令兄辭行去了, 求您回去替我說罷。[워져짇얀지썬라커쓰인웨싱치흔망부넝닾뿌쌍히링쓩쯔싱취라칙닌회취틔워쉬바] 내가 곳 써나겟는ᄃᆡ 힝긔가 매우 밧바셔 ᄃᆡᆨ에 가 백씨게 작별을 못하고 가니 당신은

가시거든 내 말삼을 해 쥬시오.

您太周到了。這我回到家裏，應該是給您說說的。[닌태쥐ᄃᅶ라저워회ᄃᅶ쟈ᄅᆡ인ᄭᆡ쓰쎄닌숴숴듸] 로형은 넘우 쥬밀하십니다. 내가 집이 가면 당신을 위하야 말삼하겟소.

多謝多謝。[둬쎄둬쎄] 고맙소.

別送別送，請悠〔您〕一路平安罷。[베쑹베쑹칭닌이루핑안바] 나오시지 마시오. 청컨ᄃᆡ 로형은 일로에 평안이 왕반하시오.

第二十二課 電報局

借光借光，電信局在那兒啊？ [졔꽝졔꽝뎬신쥐ᄶᆡ나ㅣ얼아] 용서하시오. 뎐신국이 어ᄃᆡ오닛가?

您要往那兒去麼？ [닌ᄋᅸ왕나ㅣ얼취마] 당신은 어ᄃᆡ로 가시겟소?

是，我要打電報去了。[쓰워ᄋᅸ짜뎬ᄇᅶ취라] 네，나는 뎐보 노러 가겟소.

這巧極了，我也正往那麼去呢，請您一塊兒去罷。[져ᄎᅸ지라워예쪙왕나머취늬칭늬이쾌얼취바] 이거 공교ᄒᆞ구려. 나도 그리 가오. 한가지 갑시다.

很好很好。[흔ᄒᅶ흔ᄒᅶ] ᄆᆡ우 좃소. ᄆᆡ우 좃소.

你們倆位有甚麼貴幹？ [늬먼랴웨우슴마쒸깐] 로형 두 분은 무슨 ᄉᆞ고가 잇소?

我們是打電報來了。[워믄쓰짜뎬ᄇᅶᄅᆡ라] 우리는 뎐보 노러 왓소.

是打到那兒去的呢？ [쓰짜ᄃᅶ나ㅣ얼취듸늬] 어ᄃᆡ로 노시겟소?

是日本東京地方了。[쓰이쌘둥징듸빵라] 네，일본 동경으로 노켓소.

那一位是？ [나이워쓰] 져 한 분은?

我是中國北京去的。[워쓰즁궈베징취듸] 나는 북경으로 노켓소.

電報費是要多少呢？ [뎬ᄇᅶ뻬쓰ᄋᅸ둬ᄊᅶ늬] 뎐보비는 을마오?

那總得按着字數兒筭的。[나쭝데안져쯔쑤얼쏸듸] 그것은 글ᄌᆞ슈를 짜라셔 계산ᄒᆞᆷ니다.

三個字麼，多少錢呢？ [싼거쯔마둬ᄊᅶ쳰늬] 세 ᄌᆞ면 을마오닛가?

一角錢。[이ᄌᅸ쳰] 십 젼이오.

回報多咱到的呢？ [회ᄇᅶ둬짠ᄃᅶ듸늬] 회보는 은제 오겟습니가?

那是不一定的。[나쓰부이띙듸] 그것은 일정치 못ᄒᆞ오.

第二十三課 料理店

你愛吃甚麽菜呢？［늬애츼슴마채늬］로형은 무슨 안쥬를 잘 ᄌᆞ시오？

我愛吃中國菜。［워애츼중궈ᄎᆡ］나는 지나[1] 안쥬를 잘 먹소.

那麽，咱們就一塊兒到飯館子去罷。［나머짜먼직이쾌얼닾빤꽌쯔취바］그러면 우리 곳 한가지 료리집에 갑시다.

那一個飯館子好呢？［나ㅣ이거빤꽌쯔한늬］이［어］는 료리집이 좃소？

第一樓是頭一等。［듸이럭쓰턱이덩］뎨일루가 뎨일이오.

這麽着走罷。［져마저적바］이러면 갑시다.

跑堂兒來。［퍞탕얼래］샏이 오게.

喳。［자］녜.

菜單子拿來。［ᄎᆡ싼쯔나릭］음식 목록 가져오게.

這是菜單子。［저쓰ᄎᆡ싼쯔］이것이 음식 목록이올시다.

先拿魚翅和燕窩來罷。［쏀나위츼희옌워래바］먼져 어시와 연와를 가져오게.

這是當下不能做的，若是要吃這個菜，耽悞〔誤〕半天的工夫纔可以的。［져쓰당쌰부넝줘듸워쓰약츼져거ᄎᆡ짠우싼텐듸ᄉᆼ뿌ᄎᆡ커이듸］이것은 당장에 못 만드는 것이오. 만일 이 안쥬를 잡슈랴면 반나졀이나 지톄ᄒᆞ여야 되겟습니다.

那麽拉倒罷。［나머라닾바］그러면 고만 두시오.

這是甚麽呢？［져쓰슴마늬］이것은 무엇이오？

這是鮑魚湯。［저쓰봐위탕］이것은 젼복탕이오.

請拿來海參湯罷。［칭나래해쎤탕바］희삼탕 가져오시오.

不要炒三鮮麽？［부얖쟌싼셴마］초삼션은 실습닛가？

不要。［부얖］실소.

紅燒怎麽樣？［홍쌒즘마양］싱션찜은 읏덧습닛가？

吃飽了，都不要，筭賬罷。［츼봐라뚜부얖쏸장바］빅부르게 먹어셔 다 실소. 갑 회게ᄒᆞ시오

這是十個大碗，和酒價錢筭起來通共十塊五角了。［져쓰싀거싸완희쥐쟈쳰쏸치래퉁궁싀쾌우쟌라］이것이 열 그릇인ᄃᆡ 슐갑과 모다 회게ᄒᆞ야 십 원 오십 젼이올시다.

---

① 지나(支那): 中國. 중국.

請您記賬罷，明天我可以賠你。[칭닌지장바밍텐워커이페늬] 치부칙에 올니시오. 래일 로형게 갑흐리다.

謝謝你，再見再見。[쎄쎄늬쬐진쬐진] 고맙습니다. 또 뵙시다.

第四編 長話

第一課 事不爲不成

世上的事情是都〔都是〕没甚麽不能做的。古語路不行不到，事不爲不成，這句話就是事在勉强的意思。[시쌍듸쓰칭덕쓰메슴마부넝줘듸구위루부싱부닾쓰부웨부청저쥐화ᄌᆡ쓰쓰ᄍᆡ몐챵듸이스]

셰상 일은 도모지 무슨 못ᄒᆞᆯ 것 업소. 옛말에 길를 힝치 안느면 니르지 못ᄒᆞ고 일을 ᄒᆞ지 아느면 되지 안는다 ᄒᆞ니 이 말이 곳 일이라 ᄒᆞᆷ은 면강ᄒᆞᆷ에 잇다 ᄒᆞ는 의사이오.

第二課 人貧志短

他不是本來不好的人，現在怎麽作出屈心的事來呢? 你别怪他，那就是馬瘠毛長，人貧志短的了。[타부쓰쌘ᄅᆡ부화듸ᄉᆡᆫ졘ᄌᆡ즘마줘추쥐신듸쓰래늬늬쎄괘타나ᄌᆡ쓰마지먀창ᄉᆡᆫ옌ᄌᆡ돤듸라] 제가

보[본]래 조치 아는 ᄉᆞᄅᆞᆷ은 안닌ᄃᆡ 지금 웃지ᄒᆞ야 굴심ᄒᆞᆫ 일을 지어ᄂᆡ는고. 로형은 져를 괴이히 녀기지 마시오. 그것은 곳 말이 파리ᄒᆞ면 털이 길고 사ᄅᆞᆷ이 가난ᄒᆞ면 ᄯᅳᆺ이 ᄶᅡᆯ은 것이오.

第三課 明月不常圓

他現在很得意的，你别羡慕他，明月不常圓，彩雲容易散。您這趟要出外去，我告訴你，百里不同風，千里不同俗。[타셴ᄌᆡ흔더이듸니쎄셴뫄타밍웨부창웬ᄎᆡ윈숭이싼닌저탕얖츄왜취워쏴쑤늬빅리부퉁뻥쳰리부퉁쑤] 제가 지금 ᄆᆡ우

득의ᄒᆞ엿소. 로형은 져를 부러워ᄒᆞ지 마시오. 명월이 항상 둥그지 안코 ᄎᆡ운이 용이ᄒᆞ게 헤여짐니다. 로형이 이번에 외출코져 ᄒᆞ나 내 로형ᄭᅴ 말ᄒᆞ리라. ᄇᆡᆨ 리에 바람이 갓지 안코 쳔 리에 풍쇽이 갓지 아니ᄒᆞᆫ 것이오.

第四課 要賺錢

我那個跟班的實在是可惡的，叫他買甚麽去，一定要賺錢哪。你別急了，没〔那〕没法子的事。銀匠不偷銀，餓死一家人，裁縫不偷布，婦人莫得褲哪。[워나거끈빤듸싀ᄶᅵ쓰커어듸쟈타매슴마취이찡얀좐쳰나늬쎄지라나메빠쯔듸쓰인장부투인어쓰이자신직뻥부투부쑤신머더쿠나] 내 그 하인은 실상 가악ᄒᆞᆫ 놈이오 져로 ᄒᆞ여곰 무슨 물건을 사러 보내든지 ᄭᅩᆨ 돈을 ᄭᅴ여 먹으려 ᄒᆞ오. 로형은 급조히 마시오. 그것은 ᄒᆞᆯ 슈 업는 일이오. 은장식이 은을 도적ᄒᆞ지 아느면 왼집안 사ᄅᆞᆷ이 굴머 죽고 바누질ᄒᆞ는 사ᄅᆞᆷ이 뵈를 훔치지 아느면 부인이 바지가 업다 ᄒᆞ오.

第五課 良藥苦口

你們常願聽傍人的嗜〔瞎〕話，又愛受挑唆。您們是個明白的人哪，我告訴你一倆句話，就是良藥苦口，良言逆耳，還有一句，美言不信，信言不美的了。[늬믄챵웬팅빵신듸해화우애숴탸쉬늬[늰] 믄쓰거밍빅듸신나워쏴수늰이량쥐화쥐쓰량야쿠쿼량웬이얼히우이쥐위웬부신신웬부위듸라] 로형들이 항상 엽헤 사ᄅᆞᆷ의 아당ᄒᆞ는 말 듯기를 원ᄒᆞ며 ᄭᅬ임 바[밧]기를 사랑ᄒᆞ시오. 로형들은 명ᄇᆡᆨᄒᆞᆫ ᄉᆞᄅᆞᆷ이라 내 로형께 ᄒᆞᆫ 말ᄉᆞᆷᄒᆞ오리다. 조흔 약이 입에 쓰고 조흔 말이 귀에 거사리오. ᄯᅩ ᄒᆞᆫ 말이 잇소. 조흔 말은 밋업지 못ᄒᆞ고 밋엄즉ᄒᆞᆫ 말은 아름답지 아는 것이오.

第六課 十個女人九個妒

你別聽女人的話，大概都是没益處的。俗語也説，十個女人九個妒。年輕的人總要勉强用功，古人也説過，少年不努力，老大徒傷悲。[늬쎄팅뉘신듸화짜싀뚜쓰메이추듸쑤위예쉬시거뉘신쥐거투넨칭듸신쭝야멘챵융쑹구신예쉬궈샤넨부누리롸짜두샹애] 로형은 녀인의 말을 듯지 마시오. 대기 도시 이욱ᄒᆞᆫ 것[①] 업소. 속

① 이욱ᄒᆞᆫ 것：益處的. 죻은 것.

담에 계집 열에 아홉은 투긔라 ᄒᆞ오. 졂은 ᄉᆞ룸들은 도모지 힘써 공부ᄒᆞ여야 ᄒᆞ오. 옛ᄉᆞ룸도 말이 잇소. 쇼년에 힘쓰지 아니ᄒᆞ면 늙고 커셔 한갓 상하고 슯흐다 ᄒᆞ오.

第七課 逐鹿者不顧兔

念書的人不要想別的事，逐鹿者不顧兔哪。你幹甚麽事，太過於冒失，總得要小心點兒。成〔我〕告訴你兩句話，別忘了念念有如臨淵日，心心常似過橋時。[넨슈듸신부얖쌍쎄듸쓰쥐루져부구투나늬짠슴마쓰틔궈워맏시쑹데얖쑈신덴얼워쏴수늬량쥐화쎄왕라넨넨우수린옌ㅅ1신신챵쓰궈챠싀] 글 읽는 ᄉᆞ룸은 짠싱각을 ᄒᆞ여셔는 아니 되오. 사슴[슴]을 좃는 ᄌᆞ가 듯끼는 도라보지 안는 것이오. 로형은 무슨 일을 ᄒᆞ든지 너무 모실[①]에 지나니 좀 주의훌 일이오. 로형께 두어 말을 ᄒᆞ니 念念有如臨淵日，心心常似過橋時(염염유여림연일, 심심상사과교시)란 말을 잇지 마르시오.

第八課 林中不賣薪

他的學問很高，爲甚麽回本鄉去呢？ 你不知道麽？ 林中不賣薪，湖上不鬻魚。[타듸쑈문흔쏴웨슴마회쌘썅취늬늬부지됴마린중부믜신후쌍부위위] 져의 학문이 ᄆᆡ우 놉흔ᄃᆡ 읏지ᄒᆞ야 본향으로 도라갓슴닛가? 로형 모르심닛가? 슈풀 가온ᄃᆡ에셔는 셥[②]을 팔지 안코 호슈 우에셔는 고기를 팔지 안습니다.

第九課 初嫁從親

你這趟又要到外洋去，令尊也願意的麽？ 他願意不願意，那倒不要緊。常言説端〔過〕，初嫁從親，再嫁由身。[늬져탕우얖돤왜양취링쭌예원이듸마타웬이부웬이나닫부얖진창옌쉬궈추자충친지

---

① 모실: 冒失. 경솔.

② 셥: 薪. 섭.

쟈우쎤] 로형이 이번에 ᄯᅩ 외양에 가려 ᄒᆞ시오? 츈부장ᄭᅴ셔도 허락ᄒᆞ심닛가? 허락ᄒᆞ시고 아니ᄒᆞ시고 다 관계업습니다. 상말[①]에 ᄒᆞ기를 쳐음 시집은 어버이를 좃지마는 두 번ᄶᆡ 시집은 졔 몸을 말믜암는다 ᄒᆞ오.

第十課 以羊易牛

上回他斷了弦了, 過了五六天, 又娶了媳婦了, 比從前的怎麼樣? 不過是以羊易牛罷咧。[쌍회타돤라쏀라궈라우릭텐위쥬라싀쭈라쌔츙쳰듸즘마양부궈쓰이양이뉴바레] 져번에 져 ᄉᆞ름은 상비를 ᄒᆞ고 오륙 일 지나셔 ᄯᅩ 속현을 ᄒᆞ엿습니다. 젼에 비ᄒᆞ면 웃덧습닛가? 불과시 양으로써 소를 밧군 것이지오.

第十一課 近水知魚性

那孩子長的不過八歲, 可很熟買賣的事, 那就是近水知魚性, 近山識鳥音的了。[나히쯔장듸부궈빠쉐커흔쑤매ᄆᆡ듸쓰나쥐쓰진쉬지위싱진싼시□〈냐〉인듸라] 그 아ᄒᆡ가 난 지 불과 여ᄃᆞᆲ 살인ᄃᆡ 장ᄉᆞᄒᆞ는 일에 ᄆᆡ우 한숙ᄒᆞ오[②]. 그는 곳 물에 갓가우면 고기의 셩품을 알고 산에 갓가우면 ᄉᆡ소ᄅᆡ를 안다 홈이오.

第十二課 種麻得麻

那位少爺每考不錯的, 連捷人人都羡慕他, 實在是種麻得麻種豆得豆的了。[나위쏴예매쏘부춰듸롄졔싄싄쒀쏸무타시ᄶᅬ쓰중마더마즁뚜더뚜듸라] 그 량반은 시험홀 ᄯᆡ마다 ᄶᅩᆨᄶᅩᆨ 장원을 ᄒᆞ야 ᄉᆞᄅᆞᆷ마다 모다 그를 부러워ᄒᆞ오. 실상은 삼을 심으면 삼을 웃고 콩을 심으면 콩을 웃는 것이구려.

---

① 상말: 常言. 속담.

② 한숙ᄒᆞ오: 熟. 익숙하오.

第十三課 樂極則悲

他們那幾個人一塊兒喝酒喝醉了，就鬧出事來了。這□〈不〉是樂極則悲，酒極則亂的麼？［타믄나지거싀이쾌얼허쥐허쒜라쥐난추쓰래라져부쓰뤄지쯔뻬쥐지쯔롼듸마］져의들 멧 ᄉᆞ룸이 한가지 슐를 먹고 취ᄒᆞ야 야료를 이르켯소. 이것이 곳 질거움이 극ᄒᆞᆫ즉 슯흐고 슐이 극ᄒᆞᆫ즉 어즈럼이 아니오닛가?

第十四課 借酒解悶

你說借酒解悶，成〔我〕可不信。俗語不是說麽，藥不能醫假病，酒不能解真愁，別人怎麽議論你，你不要多思多想了。根深不怕風搖動，樹正何愁日影斜，你現在窮是窮，可不要憂愁。黃河尚有澄清日，豈可人無得運時。［늬쉬졔쥐졔먼워커부신쑤위부쓰쉬마약부넝이쟝삥쥐부넝졔쩐착쎄싄즘마이룬늬늬부약둬쓰둬썅라끈신부파펑얍뚱슈쪙허착시링쎄늬쏀지츙쓰츙커부약우착황허샹우청칭시치커싄우더윈시］로형 말이 슐를 비러 민망홈을 푼다 ᄒᆞ니 나는 밋을 슈 업소. 속어에 잇지 안슴닛가? 약이 능히 쇠병을 다사리지 못ᄒᆞ고 슐이 능히 춤 근심은 풀지 못ᄒᆞ오. 다른 ᄉᆞ롬이 웃지 로형을 의론ᄒᆞ든지 로형은 만히 사량을 ᄒᆞᆯ 것이 아니오. 뿌리가 깁흐면 바룸이 요동홈을 두려워ᄒᆞ지 안코 나무가 바르면 웃지 히그림ᄌᆞ 빗기는 것을 근심ᄒᆞ겟소. 로형이 지금은 궁ᄒᆞ기는 궁ᄒᆞ나 근심ᄒᆞᆯ 것은 아니오. 항하슈도 묽을 날이 잇거든 엇지 가히 ᄉᆞ롬이 운슈 엇을 때가 업겟소.

第十五課 人莫如故

你和他的交情不是一年兩年了，到了如今怎麽不和睦來呢？ 你不知道衣莫如新，人莫如故的話了麽？［늬히타듸쟈칭부쓰이녠량녠라댜라수진즘마부훠무래늬늬부지댜이머수신싄머수꾸듸화라마] 로형이 져 ᄉᆞ름과 사괴기를 일이 년이 아닌듸 지금 와셔 웨 화목지 못ᄒᆞ시오? 로형 옷은 식것 갓흔 것이 업고 ᄉᆞ름은 오랜이만 갓지 안타 ᄒᆞ는 말을 아지 못ᄒᆞ시오?

第十六課 運氣不一樣

各人的運氣不能一個様, 死生有命, 富貴在天, 雖然現在窮, 我不敢做歹事哪, 寧可正而不足, 不可邪而有餘。[꺼신듸윈치부넝이거양쓰엉우밍쭈쒸찍텐쉬산쏀찍츙워부깐줘듸쓰나닝커쪙얼부주부커씨얼우위] 각 ᄉᆞ름의 운슈가 능히 ᄒᆞᆫ갈갓지 못ᄒᆞ오. ᄉᆞᆼ싱은 명이 잇고 부귀는 하날에 잇소. 비록 지금은 궁ᄒᆞ나 나는 감히 그른 일은 ᄒᆞᆯ 슈 업소. 차라리 바르고 족지 못ᄒᆞᆯ지언졍 간ᄉᆞᄒᆞ고 유여홈은 불가ᄒᆞ오.

第十七課 舉薦

那位大人已經舉薦你, 你怎麽不從命呢? 你別多説, 好蜂不采落地花呀。[나위따신이징쥐졘늬늬즘마부쭝밍늬늬베둬숴화쨍부치랖듸화야] 그 령감이 긔위로 형을 쳔거ᄒᆞ엿는듸 로형은 엇지ᄒᆞ야 명을 좃지 아니ᄒᆞ오? 로형은 벨말 말으시오. 조흔 벌은 ᄯᅡ에 ᄯᅥ러진 곳을 ᄏᆡ지 안습니다.

第十八課 知苦

自己賠了錢, 纔知這個苦, 齒疼方知齒疼人了。到那麽遠地方兒去, 也不願意, 在兒〔這〕兒站着, 也不好, 實在是進退無門了。是〔這〕不是上天無路入地無門的麽? [쯔지페라쳰칙지저거쿠치텅쨩지치텅신라닾나마웬디쨩얼취예부웬이찍저얼잔저예부하오시찍쓰진퉤우먼라져부쓰쌍텐우루수듸우먼듸마] 제가 돈을 랑비ᄒᆞ고 겨우 고싱을 아니 니가 압허야 바야흐로 니 압흔 ᄉᆞ름을 아는 것이라. 그러ᄒᆞ야 먼 디방에를 가려ᄒᆞ야도 실코 여긔 안자 ᄒᆞ야도 조치 아느니 실상 진퇴무문이라. 이것이 하날에 오르랴도 길이 업고

ᄯᅡ에 들자 ᄒᆞ여도 문이 업는 것 이 아니오닛가?

第十九課 平安值千金

你別氣了，你不知道平安二字值千金麽？ 昨兒晚上，他在東街那個寶局上打了他父親了。俗語説，賭博場中無父子，是真的哪。[늬쎄치라늬부지닾핑안얼쯔지쳰진마줘얼완쌍타즤둥쟈나거밮줘쌍짜라타뿌친라쑤위숴두버창즁우뿌쯔쓰쪈듸나] 로형 셩ᄂᆡ지 마시오. 로형은 평안 두 글ᄌᆞ가 갑시 쳔금인 쥴을 모르시오? 어졔 져녁 ᄯᆡ 졔가 동가 상 그 노름판에셔 져의 부친을 ᄯᅡ렷소. 속어에 도박장 가운ᄃᆡ에는 부ᄌᆞ가 업다드니 이 참이구려.

第二十課 開口告人難

既是他那麽窮，怎麽不到親戚朋友們那兒求去呢？ 理是這麽着，可是入山擒虎易，開口告人難的。[지쓰타나마츙즘마부닾친치펑읻먼나얼칙취늬리쓰저마저커쓰수싼진후이퀴컨쏘신난듸] 긔위 졔가 그러케 궁ᄒᆞ고 엇지ᄒᆞ야 친척 붕우들에게 가셔 구걸ᄒᆞ지 안소. 일이 참 이러ᄒᆞ오. 산에 드러가 호랑이 잡기는 쉽고 입을 열어셔 ᄉᆞ람에게 말ᄒᆞ기는 어려운 것이오.

第二十一課 禍從口出

你真是嘴饞，後來謹慎點兒罷。你不知道禍從口出，病從口入的話了麽？ 各人幹各人事就好，不用管人家的事。各人自掃門前雪，莫管他人瓦上霜。[늬쪈쓰쥐찬허래친신뎬얼바늬부지닾훠츙컥추삥츙컥수듸화라마꺼신깐꺼신쓰쥐환부융꽌신쟈듸쓰꺼신즈산먼쳰쉐머꽌타신와쌍쐉] 로형이 ᄎᆞᆷ 입이 헤프오. 다음브터는 조곰 조심ᄒᆞ시오. 로형은 화가 입으로좃차[1] 나오고 병이 입으로 좃차 드러간다 ᄒᆞ는 말을 몰으시오? 사ᄅᆞᆷ마다 제각기 보는 일이

---

① 좃차: 從. 부터.

잇스니 남의 일을 상관치 아는 것이 좃소. 각인이 제 문 압헤 눈을 쓸 것이오. 다른 사ᄅᆞᆷ 집웅 우의 셔리는 관계치 말 것이오.

第二十二課 耳聞不如目見

人家怎麼說浙〔浙〕江西湖子〔的〕風景好, 還不如自己去一看, 口説不如身逢, 耳聞不如目見的。[ᄉᆡᆫ쟈즘마쉬제쟝시후듸쩽징환ᄒᆡ부수쯔지취이칸쿼쉬부수쎤쩽얼운부수무진듸] 남이 아무리 졀강 셔호의 풍경이 좃타 말ᄒᆞᆯ지라도 자긔가 한 번 가셔 보는 것만 갓지 못ᄒᆞ오. 입으로 말ᄒᆞᆷ이 몸으로 만남만 갓지 못ᄒᆞ고 귀로 듯는 것이 눈으로 보는 것만 갓지 못ᄒᆞᆫ 것이오.

第二十三課 辭任了

我聽見說, 那位老大人辭了任了, 那不是長江後浪催前浪, 世上新人替舊人的緣故麼? [워틩쥔쉬나위랸짜ᄉᆡᆫ츠라인라나부쓰창쟝훠랑췌첸랑시쌍신ᄉᆡᆫ틔쥐ᄉᆡᆫ듸웬구마] 내 드르니 그 로령감이 사직을 ᄒᆞ셧다 ᄒᆞ니 이것이 장강의 후 물결이 젼 물결를 ᄌᆡ촉ᄒᆞ고 세상 ᄉᆡ 사ᄅᆞᆷ이 옛 사ᄅᆞᆷ을 갈마드리는 연고가 아니오닛가?

第二十四課 誠心

對着兄弟們交朋友們誠心誠意的纔好。兄弟不信情不親, 朋友不信交易疏。[뒈져쓩듸먼쟌펑우먼청신청이듸ᄎᆡ환쓩듸부신칭부친펑우부신쟌이쑤] 형뎨를 ᄃᆡᄒᆞ든지 친구를 ᄃᆡᄒᆞ든지 셩심셩의로 ᄒᆞ여야 ᄒᆞᆸ니다. 형뎨가 밋지 아니면 졍이 친치 못ᄒᆞ고 붕우가 밋지 아니ᄒᆞ면 사굄이 셕긔기가 쉬웁소.

第二十五課 孝爲本

聽說你這幾天迷在好地方兒, 不聽老人家的話。我勸你, 萬惡淫爲首, 百行孝爲本。世上無難事, 只怕人心自不堅, 你若盡心竭力的用功, 怎麼不能成呢? [틩쉬늬져지텐메ᄌᆡ환듸쨩얼부틩랸ᄉᆡᆫ쟈듸

화워촨늬완어인웨싀비항쌰웨쌘시쌍우는쓰지파싄신즈부졘늬워진신줘리듸융궁즘마부넝청늬] 드르니 로형이 요ᄉᆡ 어느 곳에 골몰ᄒᆞ야 로인의 말을 듯지 안는다 ᄒᆞ니 내가 로형께 권ᄒᆞ노니 만약은

이 읍머리가 되고 ᄇᆡᆨ 가지 ᄒᆡᆼ실에는 효가 근본이 되오. 셰상에 어려운 일이 업고 다만 인심이 스사로 굿지 못ᄒᆞᆷ을 두려 ᄒᆞ오. 로형이 만일 진심 갈력ᄒᆞ야 힘을 쓰면 무슨 못ᄒᆞᆯ 일이 잇겟소?

第二十六課 聰明的

你〔他〕是很聰明的人，怎麽他的兄弟那麽左皮〔脾〕氣呢？ 怨不得一樹之果有酸有甜，一母之子有愚有賢哪。[타쓰흔츙밍듸싄즘마타듸쑹듸나마줘피치늬웬부더이쑤즤궈위쏸위톈이무즤쯔위위위쏀나] 져는 ᄆᆡ우 총명ᄒᆞᆫ

ᄉᆞ름인ᄃᆡ 져의 형뎨는 엇지ᄒᆞ야 그러케 난봉이 되얏소? 원망ᄒᆞᆯ 슈 업는 것은 한 나무의 열ᄆᆡ도 신것도 잇스며 단것도 잇고 한 어미 ᄌᆞ식도 어리셕은 이도 잇고 어진 이도 잇는 것이구려.

第二十七課 學問高

到了如今，他的學問又深又高，那真是可以設〔説〕，青出於藍而勝於藍，冰生於水而寒於水。[닾라수진타듸쑈운위신위쏘나쪈쓰커이쉬칭추위란얼싱위란쀵영위쉬얼한위쉬] 지금 와셔 져의 학문이 깁고 ᄯᅩ 놉핫소. 그것은 ᄎᆞᆷ청이 쪽에셔 나되 쪽보다 낫고 어름이 물에셔 나되 물보다 차다는 말과 갓소.

第二十八課 没閲歷

辨〔辦〕這件事我總沼〔没〕閲歷，得要你的幫助哪。造新房用舊料，不經匠人之手，其可用乎？ [싼져쥔쓰워즁메웨리데얘늬듸쌍쭈나짶신쌍융쥐랴부징장싄즤서치커융후] 이 일을 판단ᄒᆞ기에 나는 도모지 열력[①]이 업셔 로형의 도

① 열력: 閲歷. 경력.

와쥬심을 바라오. ᄉᆡ 방을 짓는듸 예젼 ᄌᆡ료를 쓰고 목슈의 손을 빌지 아느면 그 쓸 슈가 잇겟소?

第二十九課 立字據

既是這件事已經義〔議〕妥了, 這就得要立字據的, 因爲是口是風, 筆是踪。雖是很小事, 也得辦的要小心, 粒火能燒萬重山。[지쓰져졘쓰이징이둬라져쥐데얀리쯔쥐듸인웨쓰쿼쓰쩡쌔쓰쭝쉐쓰흔쌰쓰예데쌘듸얀쌰신리훠넝쏴완중싼] 긔위 이 ᄉᆞ건은 결정을 ᄒᆞ엿스나 곳 문ᄌᆞ를 써서 징빙을 삼어야 ᄒᆞ겟소. 입은 바름이오, 붓은 ᄌᆞ최임으로 비록 ᄆᆡ우 젹은 일일지라도 ᄒᆞ기를 조심ᄒᆞ여야 ᄒᆞ오. 불ᄯᅩᆼ이 능히 만즁산을 사르오.

第三十課 不棄寸朽

雖然那個掌櫃的有點兒毛病, 可是他很有才幹, 又熟買賣, 怎麼你想起不要他來呢? 我勸你, 用人如用木, 毋以寸朽葉〔棄〕連抱之材。[쉬싼나거장궤듸위뎬얼뫄쩽커쓰타흔유치깐위쑤매믜즘마늬쌍치부얀타리늬워촨늬융싄수융무우이츤식치롄뱌즤치] 비록 그 회계원이 조곰 아ᄒᆞᆫ 흠졀이 잇슬지라도 ᄆᆡ우 ᄌᆡ간이 잇고 ᄯᅩ 장ᄉᆞ에 익은듸 엇지ᄒᆞ야 로형은 져를 ᄉᆡᆼ각지 안소? 내가 로형에게 권ᄒᆞ노니 사ᄅᆞᆷ 씀을 나무 쓰 듯 ᄒᆞ야 조곰 썩음으로써 련포[1]의 ᄌᆡ목을 버리지 마시오.

第三十一課 教子

教訓孫〔孩〕子們是父母應做的事, 養子不教如養驢, 養如〔女〕不教如養猪。[쟈쉰히쯔먼쓰뱌무잉쥐듸쓰양쯔부쟈수양뤼양뉘부쟈수양주] 아희들을 가라치는 것은 이 부모의 ᄲᅥᆨᄲᅥᆨ이 ᄒᆞᆯ 일이오. 아ᄃᆞᆯ을 길너 가라치지 아느면 나귀 길느는 것과 갓고 ᄯᆞᆯ을 길너 가라치지 아느면 도야지 기르는 것과 갓소.

---

① 련포: 連抱. 굵은 나무.

第三十二課 做幕僚

你出外去做那位大人的幕僚，我送給你兩三句話，不欺東君，不倚官勢，不想昧心錢，不作虧心事。[늬추왜취줘나위싸신듸머랖워쑹쎄늬량싼쥐화부치둥쥔부이꽌시부썅위신쳰부줘퀘신쓰] 로형이 밧게 나아가아 무대인의 막요[①]가 된다 ᄒᆞ니 내가 로형께 두세 귀 말ᄉᆞᆷ을 엿줍겟소. 상관을 소기지 말고 관가 세력을 밋지 말고 마음 속이는 돈을 ᄉᆡᆼ각지 말고 마음 훼손ᄒᆞᆯ 일을 짓지 마르시오.

第三十三課 機密

你說這件事很機密，別人不知道的。我告訴呢，天知地知你知我知，暗中去暗中來的事，平常不做歹事，心裏沒甚麼可怕的事。俗語說爲人不做愧心事，半夜敲門不怯驚。[늬쉬져쥔쓰흔지미쎄신부지닾듸워쏘수늬톈지듸지늬지워지안즁취안즁릐듸쓰핑챵부줘대쓰신리메슴마커파듸쓰쑤위쉬웨신부줘쾌신쓰빤예콰먼부취징] 로형 말에 이 ᄉᆞ건이 ᄆᆡ우 비밀ᄒᆞ야 타인은 모른다 ᄒᆞ니 내 로형께 말ᄒᆞ리이다. 밤에 가고 밤에 오는 일을 하날이 알고 싸이 알고 내가 알고 네가 아오. 평ᄉᆡᆼ에 그른 일을 아니ᄒᆞ면 마음에 무슨 두려울 것이 잇겟소. 속어에 ᄒᆞ기를 사ᄅᆞᆷ이 마음 붓그러운 일을 ᄒᆞ지 아니ᄒᆞ면 반야에 문을 두다려도 겁나고 놀날 것이 업다 ᄒᆞ오.

第三十四課 喝酒亂事

他這幾天常在好地方兒，喝酒亂事，必是近來交了他們幾個不好的朋友的緣故。風不來，樹不動哪。[타져지톈창지화듸빵얼허쥐롼쓰세쓰진릐쟌라타먼지거부화듸펑위듸웬수뼝부릐쑤부뚱나] 제가 요ᄉᆡ 항상 엇더ᄒᆞᆫ 디방에 잇셔셔술 먹고 난봉부리니 필시 근

① 막요: 幕僚. 참모. 하급관리.

리에 졔가 멧 개 조치 못ᄒᆞᆫ 친구를 사괸 연고인가 ᄒᆞ오. 바ᄅᆞᆷ이 오지 아니ᄒᆞ면 나무가 움작이지 안는 것이구려.

第三十五課 議論我

他們怎麽議論我，我不怕。燕雀豈知鴻鵠志，虎豹豈受犬羊欺，又可以説心〔小〕人不知君子之心，君子不受小人之侮。[타먼즘마이룬워워부파옌챠치지훙수즤후뱌치셔환양치위커이숴쌰신부지쥔쯔지신쥔쯔부셔쌰신지우] 져의들이 아무리 나를 의론ᄒᆞ나 나는 두렵지 안소. 연작이 엇지 홍곡의 뜻을 알며 호표가 엇지 견양의 속임을 밧겟소. 또 말ᄒᆞ겟소? 소인은 군ᄌᆞ의 마음을 모르고 군ᄌᆞ는 소인의 업슈이 녁임을 밧지 안는 것이오.

第三十六課 到樓館去

雖然我到樓館去，也不過是逢場作戯，應酬朋友們罷咧。白玉移於污泥不能沾濕其色，君子處於濁地不能染亂其心。説話幹事，雖然小事也得小心，一星之火能燒萬頃之山，半句非言誤損平生之德。[쉬산워닾뤄꽌취예부궈쓰뼝창쥐시잉쵸평워먼바례ᄇᆡ위이위우늬부넝잔쐬치써쥔쯔추위줘디부넝산롼치신숴화깐쓰쉬산쌰쓰예데쌰신이싱즤훠넝쌰완징즤싼쌴쥐예웬우순핑엉즤더] 비록 내가 청루에 갓슬지라도 이는 만난 마당에 희롱을 지여 친구들을 응슈ᄒᆞᆷ에 지나지 안소. ᄇᆡᆨ옥이 드러운 진흙에 ᄲᅡ져도 그 빗을 히젹시지 못ᄒᆞ고 군ᄌᆞㅣ 탁디에 쳐ᄒᆞ나 능히 그 마음을 물드려 어지럽게 못ᄒᆞ오. 말ᄒᆞᆷ과 일ᄒᆞᆷ이 비록 젹은 일이니 조심ᄒᆞ여야 ᄒᆞ오. 반ᄶᆞᆨᄒᆞᆫ 불이 능히 만경의 산을 사르며 반귀의 그른 말이 평ᄉᆡᆼ의 덕을 오손ᄒᆞ오.

第三十七課 後悔不及

既然你弄出這麽件事來了，後悔也不及了。俗語又説，成事莫説，覆水難收，我又怎麽多説呢？ 不論甚麽様兒的人，若是不學怎麽能彀弄出大事業來呢？ 玉不琢不成器，人不磨不成道。[즤산늬룽

추저만젼쓰릭라후회예부지라쑤위우숴청쓰머숴쭈숴난숴워우전마둬숴늬부룬슴마양얼듸인숴쓰부쌰점마능꺼룽추싸쓰예릭늬위부숴부청치신부머부청단] 긔위로 형이 이러흔 일을 ᄒᆞ야 닛스니 후회ᄒᆞ여도 홀 슈 업소. 속어에 또 말ᄒᆞ기를 져지른 일은 말홀 것이 업고 업질어진 물은 거두기 어렵다 ᄒᆞ오. 내 또 무슨 슈다흠이겟소. 엇더흔 ᄉᆞ름이든지 만일에 배호지 아느면 엇지 능히 큰 ᄉᆞ업을 ᄒᆞ야닉겟소. 옥은 쏘지 아느면 그릇을 이루지 못ᄒᆞ모[고] ᄉᆞ름은 마탁지 아느면 도를 이루지 못ᄒᆞ오.

第三十八課 你該去的

這趟是必定你該去的，若是你不去，誰敢去呢？ 常這〔言〕不是説一馬不行百馬憂的話了麽？ 既是弄出那麽件事來，該没法子回來的，到如今怎麽又要再去呢。古語不是説麽，好馬不吃迴〔回〕頭草，好妻不嫁二丈夫。[져탕쓰쎄띙늬씌취듸숴쓰늬부취숴싼취늬창웬부쓰숴이마부싱빅마우듸화라마지쓰룽추나마젼쓰릭메빠쯔회릭듸단수진전마우얀직취늬쑤위부쓰숴마햔마부치회텃촤햔치부쟈얼상쭈] 이번에는 쏙 로형이 가야 ᄒᆞ오. 만일 로형이 아니 가면 누가 감히 가겟소. 상말에 한 말이 가지 아느면 빅 말이 근심흔다는 말이 잇지 안소？ 긔위 이러흔 일을 ᄒᆞ엿닛스니 도리킬 방법은 업소. 지금 와서 엇지ᄒᆞ야 다시 가려ᄒᆞ오. 녯말에 잇지 안소？ 조흔 말은 회두초를 먹지 안코 조흔 안히는 두 사나희에게 시집가지 안소.

第三十九課 人自迷

你别説看着年輕的女人，叫着傾國，又説傾城，我告訴你，色不迷人人自迷。生〔現〕在你做買賣，總要小心點兒，開店容易守店難。你後來做甚麽事情，得要節儉，坐食山崩哪。[늬쎄숴칸저넨칭듸뉘신좌저징궈우숴징청워쏘수늬써부메신신쯔메쏀씩늬쥐매믹중얀쌰신덴얼키덴융이식덴난늬후릭쥐슴마쓰칭데얀지젼쥐시싼뼝나] 로형은 젊은 게집을 보고 경국이니 경셩이니 말ᄒᆞ지 마오. 내가 로형께

말ᄒᆞ리다. 색이 사ᄅᆞᆷ을 미혹케 ᄒᆞᆷ이 아니라 ᄉᆞᄅᆞᆷ이 스ᄉᆞ로 미혹ᄒᆞᆷ이오. 지금 로형이 장ᄉᆞ를 ᄒᆞ니 좀 조심ᄒᆞ여야 ᄒᆞ오. 상뎜 열기는 쉬워도 상뎜 직희기는 어렵소. 로형이 장ᄅᆡ 무슨 일을 ᄒᆞ든지 절조 잇고 검소ᄒᆞ여야겟소. 안져 먹으면 산도 문어진다요.

第四十課 没法子

他現在窮的利害，没有法子，抛頭露面的求我來了，實在是餓不擇食，寒不擇衣的。你别怪他，那也是出於無法的。他那麽行止全是無錢的緣故，那就是馬行無力皆因瘦，人不風法〔流〕只爲貧。[타쎤ᄶᆡ츙듸리ᄒᆡ메위ᄲᅡᄶᅳ퐌텨루몐듸칙워릐라싀ᄶᆡ쓰어부저시한부저이듸늬ᄲᅦ괘타나예쓰추위우ᄲᅡ듸타나마싱ᄶᅵ촨쓰우쳰듸옌ᄭᅮ나ᄶᅱ쓰마싱우리졔인ᄉᆔ신부ᄬᅥᆼᄲᅡᄶᅵ웨삔] 제가 지금 ᄆᆡ우 궁ᄒᆞ야 ᄒᆞᆯ 슈 업셔 머리를 ᄂᆡ여 놋코 얼골을 드러ᄂᆡ고 ᄂᆡ게 와셔 구걸ᄒᆞ니 참 굴므면 먹을 것을 가리지 안코 치우면 입는 것을 가리지 안는 것이오. 로형은 져를 괴이히 녀기시 마시오. 그도 ᄯᅩ한 ᄒᆞᆯ 슈 업셔 ᄒᆞ는 것이오. 져의 그러ᄒᆞᆫ ᄒᆡᆼ동은 젼혀 돈 업는 연고이오. 그는 곳 마행무력이 다 파리ᄒᆞᆷ을 인ᄒᆞᆷ이오, 인불풍법이 다만 간난ᄒᆞᆷ을 인ᄒᆞᆷ이오.

第四十一課 貪狗

有一條狗叼着一塊肉從河橋過，看見橋底下，也有一個狗叼着肉。那個橋上的狗貪心不足，又要吃的〔那〕個肉，就叫了一聲，把自己嘴裏的肉鬆了，悼〔掉〕下去了。再看橋底下，那個肉也没有了。這個話不但爲牲口説的，就是人若有過度的貪心麽，一定有這樣的事情了。[위이탸ᄶᅥ댜져이쾌ᅀᅮ충허챠궈칸쥔챠듸ᄡᅡ예위이거ᄶᅥ댜져ᅀᅮ나거챠ᄬᅡᆼ듸ᄶᅥ탄신부ᄶᅮ위야츼나거ᅀᅮ쥐쟈라이엉ᄲᅡ쯔지웨리듸ᅀᅮ쑹라댜ᄡᅡ취라ᄶᅵ칸챠듸ᄡᅡ나거ᅀᅮ예메위라저거화부ᄡᅡᆫ웨엉춴쉬듸쥐쓰신워위궈두듸탄신마이ᄶᅵᆼ위져양듸쓰칭라] ᄒᆞᆫ 마리 개가 잇셔 ᄒᆞᆫ 덩어리 고기를 물고 하교로조차 지나다가 다리 아ᄅᆡ를 보니 ᄯᅩ ᄒᆞᆫ 마리 ᄀᆡ가 고기를 무럿슴니다. 그 다리 우의 ᄀᆡ가 탐심이 무한ᄒᆞ야 ᄯᅩᄒᆞᆫ 져 고기를 먹으랴고 곳 ᄒᆞᆫ 소ᄅᆡ를 짓다가 ᄌᆞ긔의 입 속의 고기를 가져 ᄯᅥ러트렷습니다. 다시 다리 아ᄅᆡ를 보니 져 고기도 업셧습니다. 이러ᄒᆞᆫ 탐심이 잇스면 일뎡코 이러ᄒᆞᆫ 일이 잇습니다.

第四十二課 鴰蛤

有一個老鴰在海邊兒上看見一個蛤蠣, 想要吃這個, 拿嘴叼一叼, 因爲他堅硬, 不能剖開吃了, 所以沒法子, 擱下就飛了去了。然後又來了一個老鴰, 把蛤蠣細細兒一看, 把那個蛤蠣叼在嘴裏, 飛過高處兒找了一塊石頭地方, 就扔下來了, 那個蛤蠣就摔碎了。若是人見了爲難的事情, 就懈志, 不用心, 多咱是個成了呢? 古語兒說的可以人而不如鳥乎啊。[우이거랖쩌씨히볜얼썅칸진이거쩌리썅얖츼저거나쥐됴이됴인웨타젠잉부넝퍽키츼라슈이메빠쯔쩌쌰쥐애라춰라싼훠위래라이거랖쩌쌔쩌리시시얼이진쌔나거쩌리됴씨웨리애궈쏸추얼좌라이쾌시투듸뼝쥐셩쌰리라나거쩌리쥐쇄쉐라쉬쓰신진라웨난듸쓰칭쥐히즤부융신둬짠쓰거청라늬쑤위얼쉬듸커이신얼부수냐후아] ᄒᆞᆫ 마리 가마귀가 ᄒᆡ변에셔 ᄒᆞᆫ 조ᄀᆡ를 보고 이것을 먹으려 ᄒᆞ야 쥬동이로 ᄶᅩ고 ᄶᅩ되 단단ᄒᆞᆷ을 인ᄒᆞ야 능히 ᄶᅩᄀᆡ여 먹지 못ᄒᆞ고 ᄒᆞᆯ 슈 업셔 ᄂᆡ여 바리고 날어갓습니다. 그후에 ᄯᅩ ᄒᆞᆫ 마리 가마귀가 와셔 놉흔 곳을 지나 한 덩이 돌 잇는 데를 차자셔 곳 나려트리니 져 조ᄀᆡ가 곳 ᄭᆡ여졋소. 만일 ᄉᆞᄅᆞᆷ이 어려운 일을 보고 곳 ᄒᆡ태ᄒᆞ야 힘을 쓰지 아니ᄒᆞ면 어느 ᄯᆡ 셩ᄉᆞ가 되겟소? 녯말에 ᄉᆞᄅᆞᆷ이 되야 ᄉᆡ만 못ᄒᆞ랴 ᄒᆞ는 말이 잇습니다.

第四十三課 狼報

有個狼嗓子叫骨頭噎住了, 他辛苦得了不得, 要求鳥兒給他叼出來了, 各鳥兒因爲狼是最愛撲生的, 都不肯向前, 狼很着急, 就起誓說, 你們肯給我出力, 我後來一定有重報。傍邊兒有一個鶴, 聽他這么説, 實在不忍的給他叼出來了。這鶴叼完了, 和狼要馬錢那,

狼説不害你，那還不是重報麽？這是勸人不要給歹人出了死力的意思。[우거랑쌍쯔쟌수퉈에주라타신쿠더랸부더야취냐얼쎄타댜추ᄅᆡ라쩌냐얼인웨랑쓰쬐애푸엉듸쭤부컨쌍첸랑흔좌지줘치쎄숴늬먼컨쎄워추리워훠ᄅᆡ이찡우중바팡볜얼우이거허텅타저마숴쐬쒸부신듸쎄타댜추ᄅᆡ라져허댜완라히랑야마첸나랑숴워부히늬나히부쓰중바마져쓰촨신부야쎄듸신추라쓰리듸이쓰] 이리 ᄒᆞ나이 잇셔 목구녕에 ᄲᅧ가 걸녀 고ᄉᆡᆼ을 무한이 ᄒᆞ다가 ᄉᆡ에게 ᄃᆡᄒᆞ야 ᄲᆡᄂᆡ여 주기를 원ᄒᆞ니 뭇ᄉᆡ가 이리는 가장 살ᄉᆡᆼ을잘 ᄒᆞᆫ다 ᄒᆞ야 모다 압흐로 향ᄒᆞ기를 질겨ᄒᆞ지 안ᄂᆞᆫ지라. 이리는 ᄆᆡ우 조급ᄒᆞ야 곳 ᄆᆡᆼ셔ᄒᆞ야 말ᄒᆞ기를 로형들이 나를 위ᄒᆞ야 질겨 힘을 쓰면 내가 후일에 ᄶᅩᆨ 즁히 갑흐리다. 겻헤 잇든 학 하나이 막을 듯고 ᄲᆡᄂᆡ여 쥰 뒤에 이리에게 즉 젼을 요구ᄒᆞ니 져 이리가 말ᄒᆞ되 내가 너를 ᄒᆡ치 아니ᄒᆞᆫ 것이 즁보[1]가 아니냐 ᄒᆞ엿스니 이것은 ᄉᆞᄅᆞᆷ을 권ᄒᆞ야 낫분 ᄉᆞᄅᆞᆷ을 위ᄒᆞ야 힘쓰지 말나는 의ᄉᆞ올시다.

① 즁보: 重報. 후한 보답.

附 録

音法

一、雙音法

雙音이라 ᄒᆞᆷ은 上下兩音이 合成ᄒᆞᆫ 者니 例ᄒᆞ건ᄃᆡ

과 놔 돠 롸 뫄 봐 솨 와 좌 촤 콰 톼 퐈 화 궈 눠 둬 뤄 뭐 붜 숴 워 줘 춰 쿼 퉈 풔 훠

와 如히 가오. 二字가 合ᄒᆞ야 (과)를 成ᄒᆞ며 거우 二字가 合ᄒᆞ야 (궈)를 成ᄒᆞᄂᆞ니라.(各行倣此)

二、間音法

間音이라 ᄒᆞᆷ은 二個音이 合ᄒᆞᆫ 中間音이니 例컨ᄃᆡ (ᅎᅳ)는 (즈쓰)의 間音이오 (ᄫᅮ)는 (부푸)의 間音이라. ᄫᅡ ᄫᅢ ᄫᅮ ᄫᅪ ᄬᅪ 等音이 倣此ᄒᆞ니라.

三、輕音法

輕音이라 ᄒᆞᆷ은 窄狹ᄒᆞᆫ 鼻音이니 齒牙力이 多ᄒᆞ고 喉力을 多用치 안ᄂᆞ니라. 例컨ᄃᆡ

간 난 단 란 等과 如히 本字下에 在ᄒᆞᆫ (ㄴ)이 卽輕音이라.

四、重音法

重音이라 ᄒᆞᆷ은 卽(ㅇ)밧침音이라 其發音은 活潑ᄒᆞ야 喉力이 多ᄒᆞ고 牙力을 多用치 아니ᄒᆞ며 ᄯᅩᄒᆞᆫ 鼻音을 帶ᄒᆞ니라.

五、牙音法

牙音이라 ᄒᆞᆷ은 牙中으로셔 出ᄒᆞ는 音이니 例ᄒᆞ건ᄃᆡ

ᄭᅡ 카 ᄭᅪ 콰 等과 如ᄒᆞ니라.

六、喉音法

喉音이라 ᄒᆞᆷ은 喉頭로써 出ᄒᆞ는 音이니 例ᄒᆞ건ᄃᆡ

하 화 훠 等音과 如ᄒᆞ니라.

七、舌頭音法

舌頭音이라 ᄒᆞᆷ은 舌掌을 動ᄒᆞ야 出ᄒᆞ는 音이니 例ᄒᆞ건ᄃᆡ

나 놔 눠 等音과 如ᄒᆞ니라.

八、舌尖音法

舌尖音이라 ᄒᆞᆷ은 舌端에셔 出ᄒᆞ는 音이니 例ᄒᆞ건ᄃᆡ

타 ᄯᅡ 톼 等音과 如ᄒᆞ니라.

九、半喉音法

半喉音이라 홈은 舌頭를 伸開ᄒᆞ고 舌全部를 轉回ᄒᆞ야 作ᄒᆞ는 音이니 例ᄒᆞ건ᄃᆡ
롸 뤄 뤼 等音과 如ᄒᆞ니라.

十、半齒半牙音法

半齒半牙音이라 홈은 齒牙間으로 出ᄒᆞ야 舌尖에셔 作轉되는 音이니 例ᄒᆞ건ᄃᆡ
ᅀᅡ ᅀᅥ ᅀᅮ ᅀᅵ 等과 如ᄒᆞ니라. (ᅀᅵ音은 英文의 R字音과 同ᄒᆞ고 래音은 L字音과 同홈)

十一、重脣音法

重脣音이라 홈은 上脣과 下脣을 合ᄒᆞ야 重濁히 發ᄒᆞ는 音이니 例ᄒᆞ건ᄃᆡ(바, 파) 等과 如ᄒᆞ니라.

十二、輕脣音法

輕脣音이라 홈은 上前齒로 下脣內頭를 縮ᄒᆞ고 口를 開ᄒᆞ야 輕淸히 發ᄒᆞ는 音이니 例ᄒᆞ건ᄃᆡ (ᄬᅡ ᄬᅨ ᄬᅮ)等과 如ᄒᆞ니라.

十三、齒頭音法

齒頭音이라 홈은 舌尖을 上前齒內頭에 接ᄒᆞ고 半濁으로 發ᄒᆞ는 音이니 例ᄒᆞ건 (ᅑᅡ ᅑᅪ ᅑᅮ ᅕᅪ ᅕᅪ ᅕᅮ ᄽᅡ ᄽᅪ ᄽᅮ)等音과 如ᄒᆞ니라.

十四、正齒音法

正齒音이라 홈은 上下前齒端에셔 出ᄒᆞ는 音이니 例ᄒᆞ건ᄃᆡ (ᄿᅡ ᄿᅧ ᄿᅮ 자 차) 等音과 如ᄒᆞ니라.

四聲法

支那語에 四聲이라 홈은 詩文의 韻考平, 上, 去, 入과 如히 同一한 音이라도 字의 平, 直, 長, 短을 隨ᄒᆞ야 發ᄒᆞ는 聲이니 例ᄒᆞ건ᄃᆡ 媽, 痲, 馬 ,罵와 如히 四字의 音이 同一호ᄃᆡ 媽는 上平이오, 痲는 下平이오, 馬는 上聲이오, 罵는 去聲이라.

上平은 平重ᄒᆞ니 上聲보다 較短ᄒᆞ고 下平은 平輕ᄒᆞ니 去聲보다 急促ᄒᆞ며 上聲은 緩發收長ᄒᆞ야 音聲이 猛烈ᄒᆞ고 去聲은 先緩後急ᄒᆞ야 哀怨이 分明ᄒᆞ니라.

四聲圖

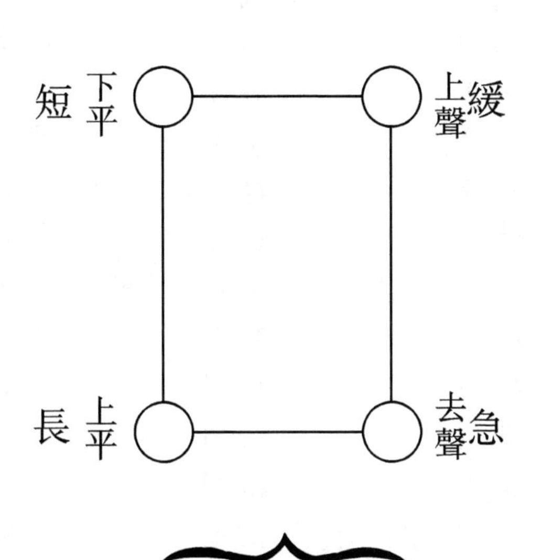

上聲高呼猛烈强
去聲分明哀遠道
下平短促急收藏
上平平道莫低昂

三百五音上聲字

阿 아
窄 재
炒 ᄎᅶ
懲 쳥
矮 애
册 채
者 쪄
己 지
俺 안
盞 잔
扯 처
起 치
襖 ᄋᅶ
產 찬
枕 쩐
甲 자
倒 ᄃᅶ
長 장
磣 쳔
卡 차
扠 차
找 ᄌᅶ
整 쪙
廠 장
講 장
減 졘
井 징
醜 ᄎᅻ

菌 쥔
轉 좐
腫 즁
訪 ᄫᅡᆼ
海 해
虎 후
哄 훙
險 쎈
尾 이
軟 ᅀᅪᆫ
搶 창
淺 쳰
請 칭
舉 쥐
主 주
喘 촨
寵 충
匪 ᄫᅦ
喊 한
話 화
火 훠
醒 싱
染 ᅀᅡᆫ
蕊 ᅀᅱ
脚 ᄌᅸ
指 즤
酒 ᄌᅾ
取 취

處 추
奘 좡
我 워
粉 ᄫᅥᆫ
好 ᄒᅶ
緩 환
喜 시
朽 ᄉᅾ
曩〔囔〕 상
氄 ᅀᅮᆼ
巧 ᄎᅸ
尺 츼
糗 ᄎᅾ
捲 좬
爪 좌
闖 촹
耳 얼
否 부
黑 희
謊 황
想 샹
許 쉬
繞 ᅀᅶ
戛 쨔
解 졔
錦 진
窘 츙
犬 촨

跩 좨
准 쥰
髮 ᄫᅡ
斧 ᄫᅮ
很 흔
悔 회
小 ᄊᅸ
選 쉔
忍 ᅀᅵᆫ
改 끼
且 쳬
寢 친
肘 주
蹶 쮀
揣 쵀
蠢 춘
反 ᄫᅡᆫ
哈 하
吼 ᄒᅻ
渾 훈
血 쎄
雪 쉐
入 ᅀᅮ
慨 키
趕 깐
給 께
口 ᄏᅻ
擓 쾌

滚〔滾〕 군
懶 래
倆 랴
領 링
櫓 루
卯 ᄆᅶ
憫 민
攮 낭
鈕 ᄂᆛ
百 ᄇᆡ
斫〔砍〕 칸
肯 컨
古 구
管 관
閫 쿤
朗 랑
兩 량
柳 ᄅᆛ
隴 룽
美 메
抹 머
惱 ᄂᅶ
女 뉘
觚 괘
齒 짱
埂 씅
苦 쿠
款 콴
礦 궁
老 ᄅᅶ
了 ᄅᅸ

裸 뤄
馬 마
猛 멍
某 ᄆᅻ
擬 눠
努 누
板 반
抗 캉
各 꺼
寡 과
廣 꽝
孔 쿵
累 레
咧 레
簍 ᄅᅻ
買 매
米 메
母 무
鳥 ᄂᅸ
暖 놘
綁 빵
稿 ᄁᅶ
渴 커
侉 콰
詭 꿰
果 궈
冷 렁
臉 롄
履 뤼
滿 만
藐 ᄆᅸ

那 나
捻 녠
偶 ᄋᅻ
嗙 팡
考 ᄏᅶ
狗 ᄁᅻ
拐 괘
傀 쾌
喇 라
禮 릐
檁 린
圇 룬
莽 망
勉 몐
奶 내
拧 닝
把 바
保 ᄈᅶ
跪〔跑〕 ᄑᅶ
表 ᄇᅸ
品 핀
普 푸
叟 ᄉᅻ
閃 싼
使 씌
水 쉬
坦 탄
底 디
頂 딩
賭 두
統 퉁

早 ᄶᅶ
北 베
漂 ᄑᅸ
禀 빙
洒 싸
髓 쉐
賞 샹
手 ᄉᅻ
死 쓰
躺 당
體 틔
梃 팅
土 투
咱 짜
草 ᄎᅶ
本 번
別 베
播 붜
傘 싼
損 쑨
少 ᄊᅶ
數 슈
打 따
躺 탕
挑 ᄐᅸ
呿〔嗝〕 ᄃᆛ
短 돤
宰 ᄶᆡ
怎 쩐
捧 펑
撇 폐

笸 퍼
嗓 쌍
漱 쑹
捨 ᅅᅧ
要 솨
塔 타
討 타ᅩ
鐵 테
朵 둬
腿 퉤
彩 ᅅᅵ
左 ᄋ져
筆 새
扁 볜
剖 퍼ᅮ
掃 사ᅩ
儍 싸

審 신
摔 쇄
歹 대
得 데
點 뎬
妥 퉈
盹 둔
怎 ᄋ전
走 저ᅮ
鄙 피
論 뤈
補 부
鎖 숴
色 써
省 ᅅᅥᆼ
爽 솽
膽 단

等 덩
舔 톈
斗 더ᅮ
懂 둥
慘 ᅅᅡᆫ
祖 주
纂 잔
此 츠
穩 운
野 예
允 윈
嘴 줴
瓦 와
我 워
眼 옌
有 어ᅮ
撙 ᄋ준

舀 애
武 우
引 인
永 융
忖 춘
晚 완
雅 야
影 잉
總 쭝
往 왕
養 양
雨 ᄋᆔ
子 쯔
委 웨
咬 야ᅩ
遠 ᄋᆒᆫ

李源生 編輯

速修漢語大成

京城 新舊書林 發行

序

自古敝邦之於朝鮮壤地接近交際殷繁不得不廣其語學而兩邦互禁民越境所謂學語之科只有官立而文臣之講歸之文具象譯之人限以數門盖全國內解語學者無幾矣顧今兩邦鐵以連路相移日衆於是人皆知語學之爲急而不赴校者亦皆有自得之思也不佞於是編述一書教習一冬議與鮮人之相好者使之對譯釋義附音兩邦人士一覽可曉自單語會話以至長話格言無不備具不惟可合於教科而已人皆可以獨習而能就故付之剞劂以廣其傳噫寘莊嶽不三年而可收齊語之功誰謂人人之不及古也

歲丁巳小春

芝罘散人王運甫

凡例

一、本書는四編에分ᄒᆞ니一은單語오二는會話오三은問答이오四는長話라每編에日常必用ᄒᆞ는緊切ᄒᆞᆫ語를蒐輯ᄒᆞ야學者의愛讀心을勸興ᄒᆞ며厭煩性을退治케ᄒᆞᆷ

一、編末에附錄을入ᄒᆞ야支那語에音法及四聲을表示ᄒᆞ며特히發音이猛長ᄒᆞᆫ上聲字三百餘音을列揭ᄒᆞ야讀字로써發音上에注意케ᄒᆞᆷ

目錄

速修
漢語大成

第一編

漢語라ᄒᆞᆷ은卽支那의國語를云ᄒᆞᆷ이라支那ᄂᆞᆫ疆域이廣大ᄒᆞ야各省에方言이不一ᄒᆞᆷ으로自國人間에도筆談을用ᄒᆞ며通譯을資ᄒᆞ나官話ᄂᆞᆫ四方에通用ᄒᆞ야各公署及各社會에無難普及되ᄂᆞᆫ故로本書ᄂᆞᆫ全히官話卽北京語를表準ᄒᆞ야編述ᄒᆞ노라

第一課 數字

一이 ᄒᆞ나

三산 셋

二얼 둘

四쓰 넷

五우 다셧
七치 일곱
九직 아홉
百비 빅
萬완 만
兆좌 죠
二十얼시 이십
三十五싼시우 삼십오
四十六쓰시릭 사십륙

第二課

好, 不好

六릭 여셧
八쌔 여덟
十시 열
千쳰 쳔
億이 억
京징 경
五十九우시직 오십구
三百八十四싼비쌔시쓰 삼빅팔십ᄉᆞ
五萬六千七百우완릭쳰치비 오만륙쳔칠백

漢語	朝鮮語
好화	좋소
不부好화	조치안소
冷렁	춥소
不부冷렁	춥지안소
熱어	더웁소
不부熱어	더웁지안소
買매	사오
不부買매	사지안소
去취	가오
不부去취	가지안소

知道 지돠	아오
不知道 부지돠	알지못ᄒᆞ오
懂得 둥더	아오
不懂得 부둥더	모르오
好看 화칸	보기좃소
不好看 부화칸	보기조치안소
明白 밍비	명ᄇᆡᆨᄒᆞ오
不明白 부밍비	명ᄇᆡᆨ지못ᄒᆞ오

(釋)冷은寒也오熱은暑也니言語에는寒、暑二字를冷、熱로換用ᄒᆞᆷ。知道는知也오懂得은解得也니道字와得字는訓의意味가

無ᄒᆞ고但助語ᄒᆞ는字됨에不過ᄒᆞᆷ。

第三課 罷、了

說罷 쉬바 — 말ᄒᆞ겟슴니다

出罷 추바 — 나가겟슴니다

吃罷 츼바 — 먹겟슴니다

念罷 녠바 — 읽겟슴니다

晴罷 칭바 — ᄀᆡ이겟슴니다

動罷 뚱바 — 움작이겟슴니다

有罷 익바 — 잇겟슴니다

看罷 칸바 — 보겟슴니다

保봐罷바
買매了라
動뚱了라
說쉬了라
吃츼了라
忘왕了라
看칸了라
給께了라
念녠了라
聽틩了라

보젼ᄒᆞ겟습니다
샷습니다
움작엿습니다
말ᄒᆞ엿습니다
먹엇습니다
이졋습니다
보앗습니다
쥬엇습니다
읽엇습니다
드렷습니다

去了(취라) 갓슴니다

(釋)罷는助詞니未來、命令에通用ᄒᆞ고了는過去、現在에通用ᄒᆞᆷ
說은談話也오吃는食也오念은讀也오看은見也라

第四課 麼

有麼(우마) 잇슴니가

看麼(칸마) 봄닛가

有了麼(우라마) 잇셧슴닛가

看了麼(칸라마) 보앗슴닛가

吃麼(츼마) 먹슴닛가

喝麼(허마) 마심닛가

吃츼了라麽마
喝허了라麽마
好한麽마
好한了라麽마
不부好한了라麽마
來래麽마
來ᄅᆡ了라麽마
不부來ᄅᆡ了라麽마
沒메來ᄅᆡ
沒메來ᄅᆡ了라麽마

먹엇슴닛가
마셧슴닛가
좃슴닛가
조웟슴닛가
조치안엇슴닛가
옴닛가
왓슴닛가
오지안엇슴닛가
오지아니ᄒᆞ엿소
오지안엇슴닛가

沒看	메칸	보지못ᄒᆞ엿소
沒看了麽	메칸라마	보지못ᄒᆞ엿슴닛가
沒聽	메팅	듯지못ᄒᆞ엿소
沒聽了麽	메팅라마	듯지못ᄒᆞ엿슴닛가
沒在	메지	잇지안엇소
沒在了麽	메지라마	잇지안엇슴닛가
還沒看	히메칸	아즉보지못ᄒᆞ엿슴니다
還沒吃	히메츼	아즉먹지안엇슴니다
還沒聽	히메팅	아즉듯지못ᄒᆞ엿슴니다
還沒寫	히메쌔	아즉쓰지못ᄒᆞ엿슴니다

「釋」麽는疑問辭니現在에는動詞字下에直接添用ᄒᆞ고過去에는動詞字下에了一字를添入後附用홈
沒은不字의意니過去에用ᄒᆞ고還은「아쥭」의意니未來에用홈
還沒은即「姑未」「尙未」의意라

第五課　來、不來

來래不부來래　옴닛가、아니옴닛가
去취不부去취　감닛가、아니감닛가
賣미不부賣미　팜닛가、아니팜닛가
買매不부買매　삼닛가、아니삼닛가
聽틩不부聽틩　드름닛가、아니드름닛가
問운不부問운　무름닛가、아니무름닛가

看칸不부看칸
喝허不부喝허
吃츼不부吃츼
多둬不부多둬
小쌰오不부小쌰오
大따不부大따
冷렁不부冷렁
對뒈不부對뒈
會휘不부會휘
忙망不부忙망

봄닛가、아니봄닛가
마심닛가、아니마심닛가
먹슴닛가、아니먹슴닛가
만슴닛가、아니만슴닛가
작슴닛가、아니작슴닛가
큼닛가、아니큼닛가
츕슴닛가、아니츕슴닛가
그럿슴닛가、아니그럿슴닛가
암닛가、모름닛가
밧붐닛가、아니밧붐닛가

要야오不부要야오

好하오不부好하오

懂둥不부懂둥

回회來래不부回회來래

可커笑쌰오不부可커笑쌰오

腌앙臢장不부腌앙臢장

乾싼淨징不부乾싼淨징

害히怕파不부害히怕파

쓰겟슴닛가、아니쓰겟슴닛가

좃슴닛가、조치안슴닛가

아심닛가、모르심닛가

도라옴닛가、아니도라옴닛가

우숩슴닛가、아니우숩슴닛가

드럽슴닛가、아니드럽슴닛가

서뭇홈닛가、아니서뭇홈닛가

두렵슴닛가、아니두렵슴닛가

「釋」對는合也、成也오會는知也오懂은解得也오腌臢은汚穢也오
乾淨은淸潔也오害怕는恐也라

第六課

一이塊쾌錢첸

兩량塊쾌錢첸

三싼塊쾌五우

四쓰塊쾌八싸

五우塊쾌六릭

六릭塊쾌九직

七치塊쾌三싼

八싸塊쾌洋양錢첸

九직塊쾌洋양錢첸

일원

이원

삼원오십전

사원팔십전

오원륙십전

륙원구십전

칠원삼십전

팔원

구원

十塊多錢 시쾌둬쳰
五十塊錢 우시쾌쳰
一百塊錢 이비쾌쳰
三千五百塊 싼쳰우비쾌
五萬七千塊 우완치쳰쾌
半塊錢 쌘쾌쳰
一角錢 이쟌쳰
兩角錢 량쟌쳰
三角洋錢 싼쟌양쳰
四角洋錢 쓰쟌양쳰

십원각슈
오십원
일빅원
삼쳔오빅원
오만칠쳔원
반원
십젼
이십젼
삼십젼
사십젼

五角錢 우쟈쳰
六角五 뤼쟈우
七角八 치쟈빠
八角四 빠쟈쓰
九角五 쥐쟈우
一分錢 이얜쳰
二分半 얼얜빤
三分錢 싼얜쳰
四分錢 쓰얜쳰
五分錢 우얜쳰

오십젼
륙십오젼
칠십팔젼
팔십ᄉᆞ젼
구십오젼
일젼
젼오리
삼젼
사젼
오젼

六分錢 뤼얜쳰 륙젼

七分錢 치얜쳰 칠젼

八分錢 ᄲᅡ얜쳰 팔젼

九分錢 직얜쳰 구젼

「釋」塊는我國貨幣의圓位와同ᄒᆞ고角은十錢과同ᄒᆞ며分은錢과同ᄒᆞᆫ洋錢으支那人이墨西哥銀貨를最初브터通用ᄒᆞᆫ고로洋이라稱ᄒᆞ나洋字를略ᄒᆞ고但幾何錢이라ᄒᆞ야도亦可ᄒᆞᆷ支那人의貨幣計算ᄒᆞ는法이最初金位를計言ᄒᆞ고其下位는但一、二、三、四等數字만稱ᄒᆞᄂᆞ니例ᄒᆞ건ᄃᆡ「一塊五十錢」이라「一塊五角」이라語ᄒᆞᆯ것을一塊五라畧言ᄒᆞ고「三角六分錢」이라語ᄒᆞᆯ것을

「三角六」이라畧言ᄒᆞᄂᆞ니라但其中間에數位가零이되는時는
畧홈이不可ᄒᆞ니例ᄒᆞ건ᄃᆡ「一塊五分錢」이라ᄒᆞ면角位가空인
고로畧省치못ᄒᆞ고亦一塊五分錢이라홈과如홈(度量衡이皆倣此홈)
多錢이라ᄒᆞ는多字의意味는不定數를云홈이니即餘字와彷彿
홈

第七課

一石米(이단미) 한셤쌀
五石黃米(우단황미) 닷셤조
六斗高粱(뤼뚜깦량) 엿말슈슈
三升菜種子(싼싱채중쯔) 셕되치종ᄌᆞ

四合清醬 쓰허칭쟝 — 너홉간장

白酒一斗五升五 비직이뚜우싱우 — 빅쥬한말닷되오홉

大豆九斗六升五 따뚜직뚜뤼싱우 — 콩아홉말엿되오홉

小豆七斗五 샾뚜치뚜우 — 팟일곱말닷되

白米三石五升 비미싼단우싱 — 빅미셕셤닷되

一斤酒 이진작 — 한근술

半斤白糖 싼진비탕 — 반근사탕

四兩白酒 쓰량비작 — 반반근빅쥬

十五兩紅蔘 시우량홍션 — 열닷량쭝홍삼

四兩五分八 쓰량우앤빠 — 넉량오푼팔리쭝

十(시)兩(량)七(치)分(얜)七(치) — 열량칠푼칠리중

一(이)匹(피)布(부) — 한필뵈

三(싼)匹(피)綢(착)緞(단) — 세필비단

四(쓰)十(시)五(우)尺(치)杭(항)羅(라) — 마흔ᄃᆡᄌᆞ항라

兩(량)尺(치)五(우)寸(츤)五(우) — 두ᄌᆞ다셧치오푼

八(쌔)尺(치)六(뤼)寸(츤)八(쌔) — 여덟ᄌᆞ여셧치팔푼

「釋」石은十斗也오斗는十升也오升은十合也오合은十勺也니石、升、合、勺은總히斗量을計홈에用ᄒᆞ고斤은十六兩也오兩은十錢也오錢은十分也오分은十厘也니斤、兩、錢、分、厘는總히衡量을計홈에用ᄒᆞ고匹은二十乃至五六十尺으로成ᄒᆞ니布帛을

隨ᄒᆞ야尺數가不同ᄒᆞ고尺은十寸、寸은十分이니匹、尺、寸、分은總히尺量을計홈에用ᄒᆞᄂᆞᆫ니라貨幣와尺量에는二字를單位에兩字로換用홈(例ᄒᆞᆫ건ᄃᆡ二塊를兩塊라二尺을兩尺이라홈과如홈匹에는二字를用홈)

第八課　代名詞

我的 워듸	나의 (ᄂᆡ것)
你的 늬듸	로형의 (로형의것)
他的 타듸	져의 (져의것)
我們的 워먼듸	우리들의 (우리들의것)
你們的 늬먼듸	너의들의 (너의들의것)
他們的 타먼듸	져의들의 (져의들의것)

誰的 쉬듸 — 누의 (누의것)

這個 저거 — 이거

那個 나거 — 그거

這兒 저얼 — 여긔

那兒 나얼 — 거긔

那兒 나ㅣ얼 — 어티

幾個 지거 — 멧기

這裏 저리 — 이리

那裏 나리 — 져리

那裏 나ㅣ리 — 어듸

(釋)你는汝也오們은等輩也오的의語助詞니之字의意오兒은處字(名詞下에在흔時는語助詞가됨)의意라那字는音을短促히呼ᄒᆞ는時는其字의意가되나音을重長히呼ᄒᆞ는時는何字의意가됨

第九課 月、日

正月(一月) 졍웨(이웨) 졍월
二月 얼웨 이월
三月 싼웨 삼월
四月 쓰웨 ᄉᆞ월
五月 우웨 오월
六月 루웨 륙월
七月 치웨 칠월
八月 싸웨 팔월
九月 작웨 구월
十月 씌웨 십월
十一月(冬月) 씌이웨(뚱웨) 십일월
十二月(臘月) 씌얼웨(라웨) 십이월

初一(추이) 초하로
初三(추싼) 초사흘
初五(추우) 초닷시
初七(추치) 초일헤
初九(추직) 초아흐레
十一日(씌이시) 십일일
十三日(씌싼시) 십삼일
十五日(씌우시) 십오일
十七日(씌치시) 십칠일
十九日(씌직시) 십구일

初二(추얼) 초잇흘
初四(추쓰) 초나흘
初六(추루) 초엿시
初八(추쌔) 초여드릐
初十(추씌) 초열흘
十二日(씌얼시) 십이일
十四日(씌쓰시) 십사일
十六日(씌루시) 십륙일
十八日(씌쌔시) 십팔일
二十日(얼씌시) 이십일

二十一日(얼쓰이시) 이십일일

第十課

禮拜日(리바이시) 일요일

禮拜一(리바이이) 월요일

禮拜二(리바이얼) 화요일

禮拜三(리바이싼) 슈요일

禮拜四(리바이쓰) 목요일

禮拜五(리바이우) 금요일

禮拜六(리바이루) 토요일

春天(츈톈) 봄

夏景天(쌰징톈) 여름

秋天(칙톈) 가을

冬天(둥톈) 겨울

一秒鍾(이먀중) 일초

一分鍾(이뻔중) 일분

一刻(이커) 일각

一点鍾(이뎬중) 한뎜

兩點鍾(량뎬중) 두뎜

三十日(月底)(싼쓰시 웨듸) 삼십일

十二点鐘 (찌얼뎬중) 열두뎜

晚上 (완쌍) 초져녁

夜裏 (예리) 밤중

上半天 (쌍싼톈) 오젼

前半夜 (쳰싼예) 자경젼

整天家 (쪙톈쟈) 종일

隔一天 (써이톈) 하로걸너

天天兒 (톈톈얼) 날마다

這程子 (져쳥쯔) 이동안

今年 (진넨) 금년

早起 (짶치) 아춤

黃昏 (황훈) 황혼

前天(前兒) (쳰톈) 지작일

下半天 (싸싼톈) 오후

後半夜 (헉싼예) ᄌᆞ경후

今天(今兒) (진톈) 오날

明天(明兒) (밍톈) 릭일

後天(後兒) (헉톈) 지명일

昨天(昨兒) (쥐톈) 어제

前年 (쳰넨) 지작년

明年	밍넨	릐년
後年	헉넨	후년
現在	쏀쬐	지금
馬上	마쌍	즉금
剛纔	깡치	악가
一個	이거	한기
兩個	량거	두기
五個	우거	다셧기
十個	씌거	열기
第一	듸이	뎨일

去年	취넨	거년
立刻	리커	즉각
上回	쌍회	젼번
向來	썅릐	종릐(從來)
將來	장릐	이후(以後)
第一號	듸이한	뎨일호
第二號	듸얼한	뎨이호
第三號	듸싼한	뎨삼호
十來個	씌릐거	근십개(近十)
好些個	한쎄거	여러개

第三(디싼) 뎨삼

第十(디씌) 뎨십

十多個(씌둬거) 십여기(十餘)

一百多(이비둬) 일빅여(百餘)

第二編 會話

第一章 天文

天氣、好不好(텐치 하부하)
일긔가、좃소、아니좃소

天氣、很、好(텐치 흔 하)
일긔가、미우좃소

上半天、下雨(쌍싼텐 쌰위)
오젼에、비가옴니다

下半天、下雪(쌰싼텐 쌰쉐)
오후에、눈이옴니다

白日裏、很、暖和(비시리 흔 놘훠)
낫은、미우따뜻ᄒᆞ오

今兒、颳南風(진얼 꽈 난맹)
오날、남풍이부오

왜투 투 싸
外頭、土、大

윈처 만라
雲彩、滿了

싸우 흔싸
下霧、很大

웨량 흔핰
月亮、很好

또라 둥톈 쥐렁
到了冬天、就冷

톈량라
天亮了

늬시환 나ㅣ지얼
你喜歡、那季兒

워시환 츈톈
我喜歡、春天

취톈 쓰 뚜슈듸핰시헉얼
秋天、是讀書的好時候兒

진얼거 쓰 지얼라
今兒個、是、幾兒了

밧게、몬지가、대단ᄒᆞ오

구룸이、가득ᄒᆞ오

안ᄀᆡ가、크게、나리오

달이、ᄆᆡ우、밝습니다

겨울이되면、춥습니다

날이、ᄉᆡ엿습니다

로형은、 무슨졀긔를조와ᄒᆞ시오

나는봄을、조와홈니다

가을은、글닑기조흔ᄯᆡ올시다

오날이、멧칠이오

八月十五罷 (쌔웨시우바)

氣天、怎麽様 (텐치 즌마양)

要、下雨了 (얀싸위라)

我、想怕下雨 (워썅파싸위)

夏景天是、熱呀 (싸징텐쓰어야)

冬天是、冷啊 (둥텐쓰렁아)

今兒、颳風 (진얼꽈엥)

太陽、冒嘴兒 (ᄐᆡ양만제얼)

太陽、平西了 (ᄐᆡ양핑시라)

天快、黑了 (텐쾌회라)

팔월보름이겟지오

일긔가、읏덧슴닛가

비가오려홉니다

ᄂᆡᄉᆡᆼ각에는、비가오겟소

여름은더웁소그려

겨울은츕구려

오날、바람이부오

ᄒᆡ가、돗슴니다

ᄐᆡ양이셔편에짐니다

날이、곳어둡겟소

꽈앵 쭈따더흔
颳風、士大得很

희쌍릐라
黑上來了

텐렁듸시훠 쌰쉐
天、冷的時候、下雪

텐어듸시훠 쌰위
天、熱的時候、下雨

피리 싼덴
霹靂閃電

진얼짶치 따레라
今兒早起、打雷了

허꺽 뚜 둥라
河溝、都、凍了

듸취 예쓰 이거 싱싱라
地球、亦是、一個、行星了

늬커이쑤싱싱마
你可以數星星麽

만텐싱샹 워부눙쑤
滿天星象、我不能數

바람이부러、몬지가、믜우、만소

어두어옴니다

날이치울떡、눈이옴니다

날이더울떡、비가옴니다

번ᄀᆡ침니다

오날아츰에텬동ᄒᆞ엿슴니다

내가、다、어럿슴니다

디구도역시、한、힝셩이오

로형이별을셰이겟소

하놀에가득ᄒᆞᆫ별을내가능히셰일슈업소

月邊雲彩 (웨볜윈채)

暖和的天氣 (놘훠듸톈치)

凉快的晚上 (량쾌듸완샹)

下、雹子、和霰 (쌰빤쯔히싼)

星星兒、落了 (싱싱얼롸라)

地動、比雷、嚇害罷 (듸뚱세레쌰히바)

熱的、了不得 (서듸랴부더)

天氣好、太陽幌眼 (톈치할태양황앤)

絳是下雨的時候、出來的 (장쓰쌰위듸씌학추릐듸)

달가에구룸

짜뜻혼일긔

서늘혼져녁

우박과쏠아기가、옵니다

별이떠러젓숨니다

디동은우뢰보다무셥숨니다

더워서、못견듸겟소

일긔가조와、히가부시오

무지기는비올쩍나오는것이오

- 天 텐 — 하날
- 風 ᄫᅥᆼ — 바ᄅᆞᆷ
- 雨 위 — 비
- 雪 쉐 — 눈
- 霜 쐉 — 서리
- 霰 싼 — ᄊᆞᆯ아기
- 雷 레 — 우뢰
- 霞 쌰 — 놀
- 虹 썅 — 무지ᄀᆡ
- 電 뎬 — 번ᄀᆡ

- 天氣 텐치 — 텬긔
- 日頭 시투 — ᄒᆡ
- 月亮 웨량 — 달
- 雲彩 윈채 — 구룸
- 雹子 쌒쯔 — 우박
- 露水 루쉬 — 이슬
- 白雨 비위 — 소낙이
- 冷子 렁쯔 — 진눈갑이
- 空氣 쿵치 — 공긔
- 天漢 텐한 — 은하슈

- 星星 싱싱 — 별
- 北斗 베투 — 북두
- 月蝕 웨시 — 월식
- 日蝕 시시 — 일식
- 月芽兒 웨야얼 — 초승달
- 朦朧月 멍룽웨 — 으스름달
- 颶風 쥐ᄫᅥᆼ — 구풍
- 暴風 빠ᄫᅥᆼ — 포풍
- 土星 투싱 — 토셩
- 金星 징싱 — 금셩

第二章 地文

你住在那兒 (니 주 지 나ㅣ 얼)

我住在京城裡頭 (워 주 지 징 쳥 리 턱)

他上那兒去 (타 쌍 나ㅣ 얼 취)

上南山去了 (쌍 난 싼 취 랴)

從海路、走 (충 히 루 쩍)

從旱路走 (충 한 루 쩍)

在公園、遊逛 (지 쑹 웬 와 꽝)

在樹蔭兒歇歇 (지 쑤 인 얼 셰 셰)

這塊石頭、有多少斤 (저 쾌 시 턱 와 둬 쌒 진)

로형、어듸、사르시오

나는경셩안에사르오

져ᄉᆞ룸은어듸로갓소

남산에올나갓소

ᄒᆡ로로조차가오

륙로로조차가오

공원에셔、놉니다

나무그늘에셔、쉬이오

이돌덩이가멧근이나되오

上溫泉去

我要海水浴去

自來水是甚麽

在地下埋管通水的

江河湖海是天下大水的總名兒

他在大街上、做賣買

山峯的尖兒、是、個個不同

온쳔으로가오

나는히슈욕ᄒᆞ러가오

자래슈는무엇이오닛가

ᄯᅡ아래관을뭇고물을통ᄒᆞ는것이오

강과하슈와호슈와바다는텬하큰물의일홈이오

제가큰길에 ᄉᆞᄒᆞ오

산봉오리의ᄲᅭ족ᄒᆞᆷ이기々갓지안소

單語字

- 地 듸 — ᄯᅡ
- 陸 루 — 륙디
- 河 허 — 하슈
- 湖 후 — 호슈
- 泥 니 — 진흙
- 砂 사 — 모리
- 府 뿌 — 부
- 半島 싼 단 — 반도

岸	앤	언덕
波	버	물결
海	히	바다
潮	찬	죠슈
山	싼	산
泉	촨	시암
嶺	링	고개
石	시	돌
草野	찬 예	들
石頭	시 투	돌

池	치	못
沼	샤	늡
水	쉬	물
澤	재	못
道	돠	길
溝	꺼	기쳔
源	웬	근원
橋	챠	다리
旱路	한 루	륙로
水田	쉬 뎬	논

氷	삥	어름
樹	슈	나무
郡	쥔	고을
國	궈	나라
塵	천	띄끌
村	춘	마을
土	투	몬지
森	썬	삼림
洞道	둥 돠	슈도
地震	듸 쩐	디진

土腰	투 야	地峽
地嘴	듸 쮀	압(岬)
海邊	히 볜	히변
地球	듸 취	디구
海門	히 먼	히협
大洋	따 양	대양
山脚	싼 쟢	산록
曠野	쾅 예	광야

- 火山 (훠싼) 화산
- 山嶺 (싼링) 산령
- 銀鑛 (인쿵) 은광
- 温泉 (운촨) 온천
- 煤窰 (메얀) 셕탄광
- 沙漠 (사머) 사막
- 瀑㳍 (쌒부) 폭포
- 涸水 (훈쉬) 흐린물

- 旱田 (한톈) 밧
- 屯裏 (툰리) 향리
- 牧場 (무창) 목장
- 租界 (주지) 조계
- 氷楞 (쎙렁) 고드름
- 樹林子 (슈린즈) 슈풀
- 鄉下 (썅쌰) 시골
- 大街 (따제) 큰길

- 公園 (쑹웬) 공원
- 抄道 (찬닾) 싀이길
- 隣國 (린궈) 린국
- 檐溜兒 (첸루얼) 비방울
- 市場 (시창) 시장
- 通商口岸 (퉁상컥안) 통상항구
- 十字口兒 (시즈컥얼) 네거리

第三章 身體

- 肚子疼了 (두즈텅라) 비가압프오

肚子疼起來了 두ᄶ텅치래라

頭疼了 투텅라

肚子飽了 두ᄶ봐라

腿麻了走不動 퉤마라적부뚱

嗓子渴的了不得 쌍ᄶ커듸랴부더

出了大汗了 추라따한라

腦袋痛麽 나대퉁마

鬧肚子的 나두ᄶ듸

貴恙怎麽了 쒸양전마라

還沒好哪 히메화나

ᄇᆡ가압허옴니다

머리가압흐오

ᄇᆡ가부르오

발이져려서、ᄒᆡᆼ보ᄒᆞᆯ슈업소

목이말너、못견듸겟소

크게ᄯᆞᆷ이낫습니다

두통이남닛가

ᄇᆡ가쫠々거리오

병환이웃덧슴니ᄭᅡ

아즉낫지못ᄒᆞ오

부어마
不餓麽
비가곱흐지안슴닛가

워히부어
我還不餓
나는아죽비곱흐지안소

신랖라 옌징칸부쩐라
人老了、眼睛看不眞了
사름이늙으면눈에잘아니뵈오

타듸세쯔흔쌒
他的鼻子很高
제코가너무、크오

늬메위얼둬마 웨선마틩더부칭 추늬
你沒有耳朶麽、爲甚麽聽得不清楚呢
로형은귀가업소、웨、뚝々이못드럿소

롄쮀춘쯔뚜퍼라
連嘴唇子都破了
입술ᄭ지모다히졋슴니다

타듸후쯔뚜비라이싼얼라
他的鬍子都白了一半兒了
제슈염이반이나희엿슴니다

워듸즤투텅더리히
我的指頭、疼得利害
내손고락이、대단이압흐오

타뚜라이거꺼쎄
他丟了一個胳臂
제가한팔뚝을이러버렷소

我的牙很疼了 워듸야흔텅라
내어금니가너무압ᄒᆞ오

臉上怎麽這麽刷白 렌왕전마저마쏴비
얼골이웨이러케힐식ᄒᆞ오

腰腿有病了 얀퉤우쌩라
허리에병들엇슴니다

他的眉毛、長得不錯 타듸메맏창더부춰
제눈섭싱긴것이관계치안소

鬢角兒是腦門子兩邊兒的頭髮 쎈쟌얼쓰난먼쯔량벤얼듸텈빠
귀밋은뇌문량편에잇는머리털이오

顋頰是嘴兩邊兒肉 싸쟈쓰쮀량벤얼석
쌤은입좌우에잇는고기오

嘴下頭的骨頭、是下巴頦兒 쮀쌰텈듸구텈쓰쌰바커얼
입아릭쌔는아릭턱이올시다

腦袋下頭就叫脖子 난듸쌰텈쥐샾쌔쯔
뇌아릭는、목덜미라ᄒᆞ오

腦袋前頭就叫嗓子 난듸쳰텈쥐쟌쌍쯔
뇌압은목이라ᄒᆞ오

肩膀兒是胳臂的上頭 젠빵얼쓰꺼쎄듸쌍텈
억기는팔둑이올시다

脊梁是肩髈兒的後頭 (지량쓰젠빵얼듸허우터우)

肚子以上就叫胃 (두쯔이쌍직쟌웨)

波稜蓋兒是腿中間兒的骨節兒 (뻐렁서얼쓰퉤중졘얼듸꾸졔얼)

脚上頭的骨頭就叫踝子骨 (쟌쌍터우듸꾸터우직쟌홰쯔꾸)

他的脾氣很不好 (타듸피치흔부화)

貴盖怎麽樣 (꿰양즌마양)

我病了兩三天 (워삥라량싼톈)

渾身酸痛 (훈쎈싼퉁)

覺着頭疼 (쟈저터우텅)

嗓子疼的利害 (쌍쯔텅듸리히)

갈비뼈는억기뒤올시다

비위를가슴이라ᄒᆞ오

무릅은다리중간의뼈올시다

발위에내민뼈는ㆍ복ᄉᆞ뼈라ᄒᆞᆸ니다

제셩졍이미우조치안소

병환이읏더시오

내가이삼일병드럿소

젼신이져리고압ᄒᆞ오

두통이나오

목구멍이미우압ᄒᆞ오

치부쓰웨생라마
豈不是胃病了麽

칭따야찬이찬
請大夫瞧一瞧

츠지지부야라
吃幾劑補藥了

썬쌍쳰안웨즈부쑤뿌
身上欠安謂之不舒服

저지톈워쭝메넝추먼
這幾天我總沒能出門

워궈산세당뿌야
若果然該當服藥

야싱히부이띵
藥性還不一定

나이예천중라
那一夜沉重了

훈궈취하이회쯔、채쑤싱궈러라
昏過去好一會子、纔甦醒過來了

히메환웬얼
還沒還元兒

웃지위병이아니겟소

의ᄉᆞ를청ᄒᆞ야보이시오

보약몟제를먹엇소

몸이불안ᄒᆞᆷ을편치안타ᄒᆞ오

이몟칠은도모지문에못나아갓소

만일그러면약먹어야ᄒᆞ오

약셩이일졍치안소

그하로밤은침즁ᄒᆞ엿소

잠으리쳣다가을마만에겨우세여낫슴니다

아죡소싱이못되오

太急燥了 (터지잔라)
너무급조ᄒᆞ다

他越勸越生氣 (타웨촨웨썽치)
저ᄂᆞᆫ권ᄒᆞᆯ수록셩을낸다

受了羞辱回來了 (셔라식수회릭라)
슈욕을밧고도라왓다

使手指頭混摩一回 (싀셔즤투훈머이회)
손싸락으로한번만젓다

人老了就氣血衰了 (인랖라직치쎼쇄라)
사ᄅᆞᆷ이늙으면긔혈이쇠ᄒᆞ오

單語字

心	신	마음
臉上	렌상	얼골
腦子	나ᄶᅳ	골
眼睛	옌징	눈
鼻子	쌔ᄶᅳ	코
身子	썬ᄶᅳ	몸
舌頭	써투	혀
牙齒	야츼	니
嘴	쮀	입
頭髮	투빠	두발
眉毛	메맢	눈셥
門牙	먼야	압니

牙花兒	야화얼	니똥
腦袋	나대	두골
眼球兒	옌취얼	눈동ㅈ
嘴唇兒	쮀춘얼	닙술
耳朶	얼둬	귀
嗓子	쌍쯔	목
手背	석쎄	손등
腮頰	써자	뺨
鬍子	후쯔	슈염
手	쩍	손

手掌	쩍장	손바닥
骨節兒	꾸제얼	골절
脚	쟌	다리
指甲	즤쟈	손톱
拳頭	촨투	주먹
胸膛	쓩탕	가삼
心窩	신워	명문
肚子	뚜쯔	비
屁股	피꾸	볼기
大腿	따퉤	대퇴

咳嗽	커써	히소
唾沫	퉈머	춤
痰	탄	담
出恭	추궁	똥누다
下溺	쌰냐	오좀누다
病	삥	병
肚疼	뚜텅	복통
着涼	쟌량	감긔
駝背	퉈쎄	곱사등
瞎子	샤쯔	장님

聾子 룽쯔 귀먹어리
啞吧 야쌔 벙어리
發燒 빠쌒 발열

出汗 추한 출한
胖 팡 살지다
瘦 쒀 파리ᄒᆞ다

健壯 젠좡 건장
獃子 뎌쯔 어리석은이
虛弱 쉬워 허약

第四章 衣服

戴着帽子 떠저뫄쯔 모ᄌᆞ를쓰고잇소

穿了中國衣裳 촨라중궈이샹 중국의복을입엇소

穿草鞋罷 촨찬쎄바 집신을신으시오

穿靴子罷 촨쒜쯔바 신을신으시오

衣裳很臟了 이샹흔징라 의복이미우더럽습니다

請把褲子攏好 칭새쿠쯔데화 바지갓다가잘ᄭᅵ키시오

산이샹베시촨부랴
單衣裳非洗穿不了

저거맛쯔 쓰시싱듸
這個帽子、是時興的

늬커이촨무지마
你可以穿木屐麽

잉웨촨부관 쟢텅
因爲穿不慣、脚痛

시번와쯔즌마라
日本襪子怎麽了

히쓰메와쯔한
還是沒襪子好

쒜쯔우피줘듸 우숭줘듸
靴子有皮做的、有絨做的

꽈쯔퉈씨한래
掛子脫下好來

저칸젠얼쓰시싱듸
這砍肩兒是時興的

싸한타얼래 시이시
把汗褟兒來、洗一洗

홋옷은샐지아느면입을슈업소

이모즈는시톄것이오

로형은나무신을신겟소

신어익지못ᄒᆞ야다리가압흐오

일본보션은웃덧소

역시양말만못ᄒᆞ오

신은가죽으로만든것도잇고비단으로만든것도잇소

두루막이는벗는것이좃소

이족씨는시톄것이오

땀밧기갓다가빠르시오

那(나)褂(파)子(쯔)太(타)長(창)不(부)合(허)式(시)

그두루막이는너무길어서맛지안소

凉(량)帽(맢)和(허)暖(놘)帽(맢)都(뎌)有(우)

여름모ᄌᆞ와겨을모ᄌᆞ가다잇소

我(워)買(매)了(랴)一(이)疋(피)紗(싸)、三(싼)匹(피)布(부)

내가사한필과뵈세필을샀소

單語字

褂子(쫘쯔) 저고리

褲子(쿠쯔) 바지

襪子(와쯔) 보션

帽子(맢쯔) 모자

靴子(쉐쯔) 신

手套(쑤탄) 장갑

鉗子(첸쯔) 귀에고리

鐲子(줘쯔) 팔지

縧子(턒쯔) 끈

針(전) 바늘

線(쎈) 실

絲線(쓰쎈) 명쥬실

袖子(식쯔) 소미

鈕子(누쯔) 단초

兜兒(덕얼) 칙낭

盒子(허쯔) 합

摺紋(저원) 쥬룸

砍肩兒(칸졘얼) 족셰

汗褟兒	한타얼	땀밧기
領子	링즈	옷깃
帶	띄	띄
手帕子	쏘파즈	슈건
戒指兒	제즤얼	반지
馬褂子	마꽈즈	마구자
台布	타부	샹보
鋪蓋	푸깨	니부자리
褥子	수즈	요
枕頭	젼투	벼개

毡子	잔즈	셜담
包袱	빠뿌	보
口袋	쿠대	부딕
蚊帳	원장	모긔장
綢緞	척단	쥬단
布帛	부비	포빅
綾	링	릉
羅	라	라
綢	척	듀
帛	비	빅

紬	척	쥬
緞	단	단
絨	숭	융
洋布	양부	당목
傘	싼	우산
雨衣	위이	우의
衣裳	이상	의복
官帽	관모	관모
官服	관뿌	관복
洋服	양뿌	양복

單衣裳(샨이샹) 홋옷

夏衣(쌰이) 하의

冬衣(둥이) 동의

風領(뺑링) 목도리

第五章 飲食

請用飯罷(칭융빤바) 진지잡슈시오

我吃過了(워치궈라) 나는벌셔먹엇소

再不能吃(지부넝치) 더먹을슈업소

要吃點心(얀치뎬신) 과ᄌᆞ를먹으려ᄒᆞ오

喝酒罷(허쥐바) 술마시시오

吃早飯(치짶빤) 아ᄎᆞᆷ밥을먹소

酒也喝煙也吃(쥐예허옌예치) 술도마시고담비도먹소

你愛吃鮮果子麽 (늬애츼쎈궈즈마)

請吃橘子 (칭츼쥐즈)

請用珈琲 (칭용까빼)

您、用茶、不用 (닌 용차 부용)

我用、牛奶哪 (워용 뉘내나)

抽烟、不抽烟 (착옌 부착옌)

吃藥、就可以好了 (츼얀 짇커이 한라)

吃氷、總不大好 (츼쌩 중부싸 한)

猪肉比牛肉、不好吃 (쥐와삐뉘와 부한츼)

不穀靑菜、很爲難 (부꾸칭치 흔웨난)

과실자시기를질기시오

밀감잡슈시오

가피차를잡슈시오

차잡슈셧소、아니잡슈셧소

나는우유먹습니다

담비아니퓌시오

약잡수면곳낫겟습니다

어름먹는것이조치는안소

도야지고기는쇠고기보다먹기조치안소

야채가부족ᄒᆞ야、어렵습니다

有醃黃爪沒有（위옌황과메위）

沏茶請客（치차칭커）

千萬別吃大煙（첸완볘치싸옌）

天天兒吃蘿蔔來着（톈톈얼치라뽀래저）

這個肉新鮮、不新鮮（저거숴신셴부신셴）

頂新鮮的（띙신셴듸）

叫他買點心麽（쟌타매덴신마）

我不很愛吃甛的（워부흔애츼톈듸）

做麪包饅頭的是小麥紛了（줘멘반만투듸쓰쟌머얜라）

燈油是豆子做的（떵위쓰떡쯔줘듸）

외김치가잇소、업소

차를따라셔손님게드리시오

부듸아편은먹지마르시오

날마다무를먹고잇소

이고기는상훈것이안니오닛가

아주、싀것이요

져다려과ᄌᆞ사오라ᄒᆞ시오

나는단것을너무질기지안소

면보와만두를만드는것은밀가루올시다

등유는콩으로짠것이오

香油是芝麻做的 양유쓰지마쥐듸
你在這兒弄菜罷 니자저얼룽채바
你愛喝湯呢 니이허탕니

참기름은참세로짠것이오
로형여긔셔안쥬만드시오
로형탕을잘자시오

單語字

飯	반	밥
麵包	멘밮	면보
點心	덴신	과ᄌᆞ
肉	석	고기
茶	차	차
酒	직	술
白鹽	비옌	소곰
麵	멘	국수
芥末	제머	겨ᄌᆞ가로
醋	추	초
醬油	장위	간장
黃油	황위	ᄲᅡ다
鷄蛋	지딴	계란
白糖	비탕	사탕
饅頭	만터	만두
皮酒	피직	ᄆᆡᆨ쥬
火腿	훠퉤	얼간훈도 야지고기
貝具	괘구	갈비

菜(ᄎᆡ) 안쥬 —— 湯(탕) 국 —— 牛奶(누내) 우유

第六章 家屋

有、三個屋子 (와 싼 거 우 ᅎᅳ)
밧셋이잇소

開着一個、鋪子 (키 져 이 거 푸 ᅎᅳ)
샹뎜하나를、열고잇소

請您、關門罷 (칭 닌 꽌 믄 바)
로형、문다드시오

還沒開門 (히 메 키 믄)
아즉、문을열지안엇소

關上牕戶罷 (꽌 샹 창 후 바)
창문을、닷으시오

飯館裏酒席 (빤 관 리 쥐 시)
밥집안의주셔

客店裏客人 (커 뎬 리 커 신)
ᄀᆡᆨ뎜안의손

還沒開鋪子 (히 메 키 푸 ᅎᅳ)
아즉、샹뎜을、열지안엇소

辦事房在那兒 빤쓰빵째나ㅣ얼

紙鋪在下衚衕 즤푸지쌰후퉁

本地有幾個銀號 뻔디위지거인화

綢緞鋪近來、很、蕭索 척돤푸진래흔쌒쒀

那是貴國的公館 나쓰꿔궈듸꿍관

這是敝國的領事館 저쓰삐궈듸링쓰관

那是電報公司 나쓰뎬반꿍스

這是郵政局 저쓰위졍쥐

到病院快走罷 닾삥웬쾌쩍바

客廳都掃完了麽 커틩뚜쌒완라마

사무실이、어듸오닛가

지뎐이、아릐골목에、잇소

본디에、은힝이、몟군대나잇소

비단뎐은、요시、셰월업소

져것은、귀국공ᄉ관이오

이것은、폐국령ᄉ관이오

그것은뎐보국이오

이것은우편국이오

병원ᄭ지、ᄲᆞᆯ니갑시다

사랑을다씨럿슴닛가

히 메 싸 화 라
還沒掃好了

마 빵 재 나ㅣ 얼
茅房在那兒

덴 리 유 잔 탕 메 유
店裏有澡堂、沒有

늬 쌍 러우 쌍 취 바
你上樓上去罷

짱 쿠 쓰 미 짱 인 쿠 듸 쭝 밍
倉庫是米倉銀庫的總名

얀 치 챵 센 데 싸 항
要砌墻、先得打夯

나 촹 후 터우 뻥 더 리 해
那窓戶透風得利害

쟌 탕 쓰 융 궁 듸 듸 빵
教堂是用工的地方

타 재 쓰 탕 리 녠 슈
他在學堂裏、念書

저 쓰 야 먼 듸 쓰 칭
這是衙門的事情

아죡잘씰지못ᄒᆞ엿슴니다

변소가어틔잇슴닛가

려관에목욕간이잇소업소

로형이층으로올너가시오

창고라홈은미창과은고의총명이오

담을싸으랴면먼져달구질을ᄒᆞ오

그창에바람이틔단이드러옴니다

교당은공부ᄒᆞ는디방이오

져는학교에셔글을닑소

이것은아문의일이오

單語字

房子	팡쯔	집
屋子	우쯔	방
客廳	커팅	사랑
書房	쑤팡	셔지
飯宁	빤퉝	식당
廚房	추팡	부엌
臥房	워팡	침방
樓上	럭쌍	다락
窓戶	창후	창

澡堂	잔탕	욕탕
隔扇	써산	판장
地板	듸싼	마루
頂棚	띵평	반자
樓梯	럭듸	사다리
籬笆	리싸	울
院子	웬쯔	뜰
毛舍	마써	뒤싼
烟筒	옌퉁	여동

鋪子	푸쯔	상뎜
門	믄	문
客店	커텐	직뎜
公館	꿍관	공관
病院	삥웬	병원
茅房	마팡	변소
倉庫	창쿠	창고
學堂	쑈탕	학교
銀行	인항	은힝

第七章 家具

燒炕罷 (쌰캉바)
불ᄯᅵ이시요

買了一張床 (매라이장촹)
상한ᄀᆡ를삿습니다

擱在那個卓子上 (꺼재나거줘쯔쌍)
저탁ᄌᆞ우에두엇소

給我一把刀子 (께워이빠닾쯔)
내게칼한ᄌᆞ로쥬시오

鋪盖也很乾淨 (푸께예흔깐징)
이부자리도ᄆᆡ우ᄭᆡᆺ긋ᄒᆞ오

那個椅子壞了 (나거이쯔홰라)
그교의는ᄭᆡ여젓습니다

有、帳子、沒有 (위장쯔메위)
장이잇소업소

快、點燈罷 (쾌덴떵바)
얼는등불켜시요

這個花瓶很大 (저거화핑흔따)
이ᄭᅩᆺ병이ᄆᆡ우크오

茶碗、酒盃、都、拿來了
차완 쥐쨰 뚜 나래라

把洋燈點上
쌔 양덩 뎬 샹

把燈罩兒、給壞了
쌔 덩잔얼 께 홰라

小刀子、比剪子、倒方便
썇 닾쯔 쌔 쳰쯔 닾 빵볜

鉋和鋸是木匠的像伙罷
꽢 허 쥐 쓰 무쨩 듸 쟈훠 바

泥瓦匠拿鏝子來了
니와쟝 나 만쯔 래리

錶起昨天下上弦了
뱌 치 쥐톈 부 샹쏀 라

這個木桶是甚麽
져거 무퉁 쓰 선마

那是用水桶
나 쓰 용 쉬퉁

這是箱子的鑰匙了
져 쓰 샹쯔 듸 얀싀 라

차완과술잔을다가져왓슴니다

등불켜시오

등피를쌔트렷슴니다

창칼은、가위보다、도로혀、편리ᄒᆞ오

대패와톱은목공의세간들이겟소

미장이가흙손을가져왓슴니다

시계는어제부터태엽을아니트렷소

이나무통은무엇이오닛가

그것은물담는통이오

이것은상ᄌᆞ열쇠올시다

喞筒爲何用呢
치퉁웨허융늬

滅失火必要的機器
메시훠쎄야듸지치

飯鍋是做飯用的
빤궈쓰쭤빤융듸

打釘子
따띵쯔

找鐵槌來罷
잪톄췌릭바

茶碗掉在地下破了
차완댶지듸쌰퍼라

櫈子挪在這邊兒
떵쯔눠지저볜얼

把茶鍾要擦碰在桌子上破了
빠차중야차펑지쵀쯔양퍼라

料貨是玻璃東西的總名兒
랖훠쓰쌔리둥시듸쭝밍얼

拿刷子來、擦一擦
나쐐쯔릭、차이차

무ᄌᆞ위는무엇에쓰는것이오

불ᄭᅳ는데필요ᄒᆞᆫ긔계올시다

남비는밥짓는데쓰는것이오

못을박소

맛치차져오시오

차완이ᄯᅡ에ᄯᅥ러져ᄭᆡ졋소

등상을여긔비켜노앗소

차종을닥다가닥ᄌᆞ에마주쳐셔ᄭᆡ
트렷슴니다

료화라홈은유리로만든물건의총
명이올ᄉᆞ다

쇄ᄌᆞ갓다가, 닥그시오

이즈써찌틔싼쌍라
胰子擱在屜板上了

쎡진써찌쟈즈쌍라
手巾擱在架子上了

나와펀얼쓰녜쥐듸
那瓦盆兒是捏做的

저얼워화머징메워
這兒有好墨鏡沒有

나쓰슴마지치
那是甚麽機器

쟌무쟝띵쭤바
叫木匠定做罷

저얼워쏀청듸쑤쟈즈
這兒有現成的書架子

늬얀슴마씨
你要甚么筆

워얀첸씨
我要鉛筆

시씨예얀마
石筆也要麽

비누는、셥합우에잇소

슈건은탁ᄌᆞ우에두엇소

그질동의는주물너만든것이오

여긔조흔오슈경이잇슴닛가

그것은무슨긔계오

목슈불너맛치시오

여긔서로만든칙거리가잇소

로형무슨붓을쓰시랴오

나는연필을쓰겟소

셕필도쓰겟슴니까

筆是沒有 (셰쓰메위)

筆鋪在那兒 (셰푸쩨나ㅣ얼)

借給我一張紙 (졔셰워이장즤)

買了一本書了 (매라이썬슈라)

拿字典來罷 (나쯔뎬릐바)

您有信紙沒有 (닌위신지메위)

給我幾張封套 (셰워지장뻥톼)

這信皮上的糨子沒力氣 (져신피샹듸잉쯔 메릐치)

秤在這兒么 (쳥지져얼마)

我買了三塊墨四管筆 (워미라싼쾌머쓰완셰)

붓은업소

필방이어듸잇슴닛가

내게조희한장빌녀쥬시오

칙한권삿슴니다

자뎐가지고오시오

로형편지지가잇소업소

내게봉투몃장주시오

이봉투우의풀칠이힘이업소

져울이여긔잇슴닛가

내가먹셰장과붓네병을삿소

包着是、幾張畫兒 (반져쓰 지장화얼)
那個炕上都有席 (나거캉양뚜우시)
厨房裏厨子有沒有 (추빵리추쯔우메우)
碰了釘子回來了 (평라띵쯔회릭라)
拉開弓一射 (라키꿍이써)
回手拔箭 (회쑤싸젼)
念着書 (녠져슈)
看地理圖 (칸듸리투)
念歷史 (녠리쓰)
我要研究物理 (워얀옌쥐우리)

싼것은멧장그림이오
그함실우에모다돗이잇소
부억에부억덕이가잇소
못을박고왓습니다
활을당긔여한번쏘다
손을돌녀살놀쌔다
글을읽는다
디도를봄니다
력ᄉᆞ를읽음니다
나는물리를연구ᄒᆞ려ᄒᆞ오

저얼쐐듸화 쓰 쉐화
這兒掛的畫、是、誰畫

늬줘운장마
你作文章麽

워쓰쌰쩍부넝줘
我是下手不能作

칸슨마신반늬
看甚麽新報呢

칸라메이신반
看了每日新報

닌애칸 쌴쉐 부애
您愛看、小說、不愛

워부얀녠 나마양듸
我不要念、那麽樣的

나이썬쑤늬칸완라마
那一本書你看完了么

나쑤쌍듸쯔떠왕라
那書上的字都忘了

쑹운쉐룬듸쓰쑹쓰
公文所論的是公事

이족ᄌᆞ그림은뉘그림이오닛가

로형、글、잘지으심닛가

나는셔툴너셔、잘못짓슴니다

무삼신문을보시오

ᄆᆡ일신보를봄니다

로형이쇼셜을잘보시오

나는그런것읽기를조와안소

그ᄎᆡᆨ한권은로형이다보앗소

그ᄎᆡᆨ의글ᄌᆞ를다이젓슴니다

공문으로의론홈은공ᄉᆞ올시다

從쑹下쌰往왕上쌍告짠報빤事쓰件쪤當당用융稟삥帖톄
아래서위로보고ᄒᆞ는일은맛당히품쳡을씁니다

書쑤班쌘們먼辦쌘稿짠底듸子쯔
서긔들이서류를쳐리ᄒᆞ오

文운書쑤發빠了라把빠存춘稿짠存춘着저那나叫쟌陳천案안
공문을발ᄒᆞ고부본을두는것을진안이라ᄒᆞ오

單語字

椅이子쯔	교의
櫈뗭子쯔	등상
地듸毯탄	담요
桌쥐子쯔	탁자
扇싼子쯔	붓채
簾렌子쯔	바알

鑰얖匙씌	열쇠
鎖쒀	잠을쇠
眼얜鏡징	안경
鐘중	괘종
表뱦	시계
硯옌臺틔	베루

硯옌匣쌰	벼루집
紙즤	조희
筆쎄	붓
墨머	먹
畫화	그림
圖투書쑤	도장

印色 인써	안쥬
信紙 신지	편지지
封套 뻥탄	봉투
煤 메	셕탄
炭 탄	숫
洋油 양우	셕유
火盆 훠펀	화로
火筷子 화쾌쯔	화져
飯鍋 빤워	가마
盤子 판쯔	소반

碟子 데쯔	졉시
筷子 쾌쯔	져가락
匙子 츠쯔	숫갈
杓子 쌒쯔	사시
刀子 딴쯔	챵칼
茶壺 차후	차관
茶鍾 차쭝	차죵ᄌ
酒瓶 쥐핑	술병
水盃 쒀뻬	곱부
碗 완	사발

木桶 무퉁	통
笤箒 탸쭈	뷔
撣子 딴쯔	몬지덜니
手巾 쒀진	슈건
擦布 잔부	걸네
洋火 양훠	셩양
蚊帳 운장	모긔장
剪子 젠쯔	가위
臉盆 렌펀	듸야
胰子 이쯔	비누

刷牙子(쏴야ᄶ) 니솔

牙籤子(야첸ᄶ) 니쑤시게

牀(촹) 평상

包袱(바우) 보

鏡子(징ᄶ) 거울

梳子(주ᄶ) 빗

木梳(무쑤) 얼에빗

刷子(쏴ᄶ) 솔

尺頭(츠투) 자

第八章 舟車

坐車來了(쭤처래라) 차타고왓습니다

坐船去了(쭤촨취라) 배타고갓습니다

這隻船很大(저지촨흔따) 이배는매오크오

你可以騎自行車麽(늬커이치ᄍ싱처마) 로형ᄌ힝거탈줄아르시오

一輛自動車來了(이량ᄍ둥처래라) ᄌ동차한채가왓습니다

舢板來了請上舢罷(싼쌘래라칭쌍싼바) 삼판이왓스니배에오르시오

촨닾마텆라
船到碼頭了

싸쏸쥐마처취
打算坐馬車去

촨키라마
船開了麽

쾌키라
快開了

늬회치마부회
你會騎馬不會

치 부한
騎、不好

꾸부추이량쳐래마
雇不出一輛車來麽

둬쏴뚜약
多少都有

쾌처쓰지덴중키
快車是幾點鍾開

쌰우시덴중 닌나
下午十點鍾、您納

비가션창에닷슴니다

마차로가려고홈니다

비가떠낫슴닛가

곳떠낫쇼

로형이말탈줄아시오

타지마는、셔투르오

수레한치셰엇지못ᄒᆞ겟슴닛가

얼마든지잇슴니다

급힝ᄎᆞ는멧시에떠남닛가

하오열시올시다、당신

니메위젼쟁촨라마
你沒遇見兵船了麽

워위저챠시쏀라
我遇着朝日艦了

늬칸궈치챢라마
你看過氣球了麽

폐싱촨예칸궈라
飛行船也看過了

저거쳐부쏀마
這個車不翻麽

팅쒀나거룬촨줘챠
聽說那個輪船坐礁

나쓰상촨궁쓰듸촨마
那是商船公司的船么

부쓰 우촨궁쓰듸바
不是、郵船公司的罷

유량지촨펑져 저이지홰라
有兩隻船碰着 這一隻壞了

저쓰산탄처마
這是單套車麽

로형병션을못만낫소

내조일함을만낫소

로형경긔구를보앗소

비힝션도보앗쇼

이차가뒤집히지안소

드르니그윤션이좌초가되엿다는구려

그것은상션회ᄉᆞ의비오닛가

아니오우션회ᄉᆞ의것이오

비두쳑이마조쳐셔、이호 이셔여졋소

이것이단두마차오닛가

不是二套車了 부쓰얼탚처라 — 아니오쌍두마차올시다

單語

車 처 — 수레
馬車 마처 — 마차
自行車 쯔싱처 — 자힝거
自動車 쯔뚱처 — 자동차
管車的 판처듸 — 차장
站夫 잔부 — 역부
車夫 처약
拉車的 라처듸 — 차부

客車 커처 — 객차
火車 화처 — 화차
候車房 후처방 — 대합실
貨車 훠처 — 화차
電氣車 뎬치처 — 전긔차
盪子車 탕쯔처 — 승합마차
東洋車 뚱양처 — 인력거
牛車 뉘처 — 우차

信船 신촨 — 우편선
商船 쌍촨 — 상선
撥船 빠촨 — 짐빅
火輪船 훠룬촨 — 화륜선
夾板船 쟈쌘촨 — 종선
擺渡船 쌔두촨 — 나루빅
舢板 싼쌘 — 삼판
篷 펑 — 돗

鐵錨 (퇴맏) 닷　　轎子 (쟢즈) 보교　　兵船 (빙촨) 병선

艣 (루) 로　　櫂子 (쟢즈) 키　　驅逐艦 (취주쏀) 구축함

第九章 花草

櫻花是好看 (영화쓰한칸)
벗꼿은보기가죳소

梅花開了 (메화키라)
미화가픠엿습니다

到了九月菊花開 (닾라쥐웨 쥐화키)
구월되면、국화가픠오

喇叭花是、早起、早早兒、開的 (라싸화쓰 잪치 잪잪얼 키듸)
매꼿은、아참에、일즉이픠오

有高大的松樹、那兒 (우깦따듸쑹쑤 나얼)
거긔놉고큰소나무가잇소

梅和桃已經結了果了么 (메히탚이징제라궈라마)
미화와복송아는발서열엇습닛가

花纔散的 (화채싼듸)
꼿이곳떠러졋소

늬지닾머구추래듸듸땅마
你知道蘑菇出來的地方麼

싼리우핲쎼거
山裏有好些個

워흔 애치리쯔
我很 吃栗子

짶얼예 웨닾 핲
棗兒也、味道、好

져쓰뻥싼듸리
這是鳳山的梨

매쟈쯔래 옌져바
買茄子來、醃着罷

져거친치 쓰 예창듸꽈샹나
這個芹菜、是非常的高香哪

닌예애메궤샹마
您也愛玫瑰香麽

워흔애란화샹나
我很愛蘭花香哪

잉쉬듸뎡화 흔핲칸
映水的藤花 很好看

로형버셧나는곳을아십닛가

산에는얼마든지잇소

나는밤을썩잘먹소

대초도맛이좃소

이것은봉산비오

가지사다가저리시오

이미ᄂᆞ리ᄂᆞ물은ᄆᆡ우향긔잇소

로형도장미화의향긔를사랑ᄒᆞ시오

나는란초쏫향긔를사랑ᄒᆞ오

물에빗최는등쏫은ᄆᆡ우보기좃소

牡丹和芍藥您愛那個呢 무딴훠쟢얖닌애나거늬

兩樣兒都好 량양얼쑤한

我愛海棠花 워애히당화

我的院子裡花草很多 워듸웬쯔리화챂흔둬

苗兒是草木剛出土兒的 먚얼쓰챂무쌍추루얼듸

草木都發生了 챂무쑤빠썽라

你愛吃葡萄麽 늬애츼푸닾마

菊花和蘆花、都開了 쥐화히루화쑤키라

稻子都熟了 닾쯔쑤쒀라

松樹就凌風站着 쑹쑤직링뺑짠저

모란과작약에로형은무엇을사랑ᄒᆞ시오

두가지다좃소

나는희당화를사랑ᄒᆞ오

우리집뜰에화초가미우만소

싹이라는것은초목이、막、따에서나오는것이오

초목이모다발싱ᄒᆞ엿습니다

로형이포도를잘자시오

국화와로화가다퓌엿습니다

베가다익엇습니다

솔나무는바람을업수이여기고셧소

三南地方兒有竹子

삼남디방에는대나무가만쇼

單語

植物 식물
樹木 슈목
水草 슈초
草 풀
樹幹 가지
梗兒 줄기

芽 싹
花 꼿
葉子 입
果品 과실
樹枝兒 가지
花朵兒 꼿봉

躑躅 철쭉
蘭花 란초꼿

椹兒 열미
松樹 솔
梅樹 미화
櫻樹 잉도
杉松 젓나무
梧桐 오동

桃樹 복숑아
柳樹 버들
梨子 비
槐樹 느름나무
海棠 히당
荷 련

藤蘿 등
草花 초화

菊花	쥐화	국화
牡丹花	무딴화	모란화
白果樹	비꿔쑤	빅과슈
楓樹	뻥쑤	단풍
蘋菓	핀궈	사과
芍藥	쟢얖	작약
勤娘子	친냥쯔	라발꼿
喇叭花	라빠화	라발꼿
芭蕉	빠쟢	파초
佛手	뿌쐭	불슈

橘子	쥐쯔	귤
栗子	리쯔	밤
無花果	우화궈	무화과
石榴	씌루	셕류
桂花	꿰화	계화
棗兒	짶얼	대쵸
桃兒	탚얼	복숑아
竹子	주쯔	대
玫瑰	메꿰	메괴화
榛子	쩐쯔	개암

李子 리쯔 오얏

胡桃 후톼 호도

蘆葦 루웨 갈ᄯᅵ

杏兒 싱얼 살구

葡萄 푸톼 포도

鳳梨 뻥리 봉리

落花生 뤄화썽 락화싱

十姊妹 쓰제메 셕쥭화

第十章 商販

他、買東西、去了 타 매 둥시 취 라

제가물건을사갓슴니다

人參 신썬 호라복

百合 비허 빅합

水仙 쉬쏀 슈션

菖蒲 창푸 창포

茾草 자찬 마름

蕨菜 꿰처 고사리

桑椹兒 쌍썬얼 옷의

매 미 되 흔 뒤
賣買的、很、多

나 거 둥 시 흔 화
那個東西、很好

쟈 첸 예 젼
價錢、也賤

쟈 첸 흔 꿔
價錢、很貴

이 진 둬 쏴 첸
一斤、多少錢

이 뚠 싼 시 쾌 첸
一噸、三十塊錢

펜 찬 메 우 첸 라
偏巧、沒有錢了

빠 인 쯔 께 훼 취
把銀子、給滙去

삐 져 마 황 쟈
別、這麽謊價

좐 라 첸 라
賺了錢了

장사가믹우만쇼
그물건이믹우좃소
갑도싸오
갑시믹우빗싸오
한근에을마오닛가
한돈에、삼십원이오
맛츰、돈이업습니다
돈을、환젼부쳐쥬시오
이러케、외누리를마르시오
돈을닝겻습니다

吃點兒虧了 치뎬얼쾌라

賠了本兒了 페라뻔얼라

多少脚錢 둬쏘쟈쳰

說是一塊五 쒀쓰이쾌우

金子比銀子貴 진즈쎄인즈쒜

不能打價兒的 부넝싸쟈얼듸

各處有一定的主顧 꺼추우이띙듸주꾸

請你記帳罷 칭늬지쟝바

他欠人的賬目就是三千多塊了 타쳰신듸쟝무쮜쓰싼쳰둬쾌라

我不要借錢 워부얀졔쳰

조곰밋졋슴니다

본갑이、밋졋슴니다

삭이얼마오닛가

일원오십젼이라ᄒᆞ오

금은은보다빗싸오

능히싹지못ᄒᆞᆯ것이오

각쳐에일뎡ᄒᆞᆫ단골이잇소

쳥컨ᄃᆡ외상책에올니시오

제가남에게빗진것이삼쳔여원이오

나는돈취ᄒᆞ기를시려ᄒᆞ오

他的家裏天天兒花費的很多 (타듸쟈리텐텐얼화쀄듸흔둬)

票子是一張紙上頭寫着錢數兒 (퍞즈쓰이장즤샹탁쎄져쳰쑤얼)

他很嗇刻不愛花錢 (타흔써커부애화쳰)

小價錢買來的大價錢賣那不是賺錢麽 (쌒쟈쳰매릭듸싸쟈쳰믹나부쓰좐쳰마)

賠本是賠本不像他說的那麽賠本 (페쌘쓰페쌘부샹타쒀듸나마페쌘)

제집에셔날마다쓰는것이믹우만소

표라ᄒᆞ는것은일장조희우에돈슈를쓰는것이오

져는믹우인석ᄒᆞ야돈을쓰지안소

헐갑세사다가빗싸게파니그것이남기는것이아니오닛가

밋지기는밋졋스나제말ᄒᆞ듯그러케는밋지지아니ᄒᆞ엿소

單語

單語	音	뜻
洋行	양항	큰상뎜
賣買	미매	미미
東西	둥시	물건
價錢	쟈쳰	갑
謊價	황쟈	외누리
存欵	춘콴	더금
匯銀	회인	환젼
支取	즤취	지출
用錢	융쳰	구문

算賬 싼장 회계

結賬 제장 결산

股票 꾸퍞 주권

分利 앤리 리익배당

滙票 회퍞 환표

虧空 퀘쿵 손실

盈餘 잉위 리익

擔保 단반 담보

本錢 썬첸 자본

該錢 서첸 부채

掌櫃的 장궤듸 상뎜주인

賬目 장무 문서

第十一章 鳥獸

有、一隻鷄子 위이지지즈

닭한마리가잇슴니다

鷄子、下了、蛋了 지즈싸라단라

닭이알을낫슴니다

小鳥兒、叫喚 샤냐얼잪환

젹은식가웁니다

這是一隻鴨子 저쓰이지야즈

이것은한마리오리오

老鴰是孝鳥 랖꽈쓰쌒냐

가마귀는효조올시다

有一隻老鷂鷹（랖얀잉）

鷂鷹抓了公鷄去了（얀잉좌라쑹지취라）

猴兒是、好像跟人似的、一個走（훠얼쓰　한샹쓴인쓰듸　이거쩍）

獸了（쒀라）

天快黑了、百鳥都各自各兒歸了（톈쾌희라　비냐뚜써쯔써얼꿰라）

窩兒了（워얼라）

小孩兒哄着雀、從小路跑（쌰히얼훙저챂　충쌰루퐌）

牛是拉車還是耕田（뉴쓰라처히쓰썽톈）

有一匹馬、跑了（와이피마　퐌라）

有五條狗、三個猫（와우턒쩍　싼거먚）

독슈리한마리가잇소

독슈리가닭을훔쳐갓슴니다

원숭이는사름과갓흔한낫길즘싱

이올시다

날이어두니 ᄇᆡᆨ조가모다각々제

집을차져감니다

아희가ᄉᆡ를쏫차소로로좃차ᄯᅱ여

가오

소는차도끌고밧도가오

말한필이잇셔다라낫소

다셧마리ᄀᆡ와、세마리、고양이가

잇소

양쓰 롄즤 뚜츼나
羊是、連紙、都吃哪

양뫄 왕왜궈 추컥
羊毛、往外國、出口

샹쓰 인두나얼 흔둬
象是印度那兒、很多

워히메칸젠싀쯔
我還沒看見獅子

뤄퉈 흔둬디디빵얼 쓰멍구나
駱駝很多的地方兒、是蒙古哪

쟈후웨디후리나
假虎威的狐狸哪

져부쓰쭈숭마
這不是狗熊麽

부쓰 나쓰싼쥐라
不是、那是山猪了

쟢쭈요라
呌狗咬了

늬매라듸쓰마마
你買了的是馬麽

양은조회서지 모도、먹소그려

양의털으 외국가셔파오

코키리는인도、게셔만소

나는아즉사ᄌᆞ를못보왓소

약대만흔디방은몽고구려

호랑의위엄을비른호리구려

이것이곰이아니오

아니오그것은산도야지오

ᄀᆡ에게물녓소

로형이사신것은말이오

不是、買的是騾子驢了 (부쓰 매듸쓰라쯔뤼라)
아니오산것은노ᄉᆡ와나귀오

比牲口不如 (씨엉커부수)
즘싱만도못ᄒᆞ오

那騾子十分膘壯 (나뤄쯔시뻔뱌좡)
져노ᄉᆡ가아주살졋습니다

豹死留皮人死留名 (쌒쓰릭피인쓰릭밍)
표범이죽음에가족이남고ᄉᆞ룸이죽음에일홈이남소

麟鳳龜龍謂之四靈 (린뻥웨룽웨즤쓰링)
린봉구룡을네령물이라ᄒᆞ오

單語

仙鶴 (센허) 학
孔雀 (쿵챺) 공작
鳳凰 (뻥황) 봉황
老鴰 (랖쒀) 가마귀

燕子 (옌쯔) 제비
野鷄 (예지) 꿩
鴨子 (야쯔) 오리
鴿子 (꺼쯔) 비닭이

漢語	音	뜻
鸚哥	잉꺼	잉무
家雀兒	쟈ᄎᆄ얼	참새
夜猫子	예ᄆᅶᄶᅳ	올빼미
家鴨子	쟈야ᄶᅳ	집오리
小鷄子	ᄰᆄ지ᄶᅳ	연계
雲雁	윈옌	종달이
駝鳥	퉈ᄂᆄ	타됴
羽毛	위ᄆᅶ	깃
獅子	싀ᄶᅳ	사ᄌᆞ
老虎	ᄅᅶ후	호랑이
鳶鳥	옌ᄂᆄ	솔개
公鷄	꿍지	슈닭
母鷄	무지	암닭
喜鵲	시ᄎᆄ	까치
杜鵑	두쥔	두견이
狗熊	꺼쓩	곰
狐狸	후리	여호
野猪	예주	산도야지
駱駝	뤄퉈	약대
山羊	싼양	산양
鷹	잉	매
雁	옌	기럭이
火鷄	훠지	칠면됴
象	썅	코기리
狸	리	삵

牛 뉴 소
猪 주 도야지
猫 먀 고양이
馬 마 말
驢 뤼 나귀

鵝 어 거위
黃鶯 황잉 쐬꼬리
狼 랑 이리
狗 꺼우 개
耗子 하오쯔 쥐

海獺 히타 슈달피
野猫 예먀 톳기
猴兒 허얼 원숭이
騾子 라쯔 노새
羊羔兒 양까얼 양의삿기

第十二章 魚虫

池裏有魚了罷 츠리유위라바
못속에고기가잇겟슴닛가

有金魚和鯉魚 우진위허리위
금어와、리어가、잇슴니다

我們不很吃鱔魚 워믄부흔츠싼위
우리는빔장어를、마니、먹지안소

我也、愛吃。大頭魚 워예애츠따투위
나도、도미를、잘먹슴니다

買蝦米來了 (매 싸 미 래 라)

釣魚出去了 (댜 위 추 취 랴)

鯨魚鰐魚沒在這兒 (칭 위 어 위 메 찌 저 얼)

海裏頭、有好些個魚 (히 리 텨 위 한 쎄 거 위)

螺螄藏在甲裏頭 (뤄 쓰 쌍 쪄 쟈 리 텨)

蛤蟆趴在溝沿兒 (하 머 파 찌 꺼 옌 얼)

蚊子螫了 (운 쯔 저 라)

螞蜂螫了 (마 앵 저 라)

長蟲和蠍子是討人嫌的 (챵 충 허 쎄 쯔 쓰 탄 신 첸 듸)

蛅蠹子打了書了 (잔 뚜 쯔 싸 라 슈 라)

ᄉᆡ우를사왓슴니다

고기잡으러나아갓소

고릐와악어는여긔업소

바다에ᄆᆡ우여러고기들이잇소

소라는겁질속에숨어잇소

ᄀᆡ고리가ᄀᆡ쳔언덕에업드렷소

모긔가무럿슴니다

벌이쏘앗슴니다

ᄇᆡ암과빈ᄃᆡ는ᄉᆞ람의시려ᄒᆞ는것이요

좀에게ᄎᆡᆨ을쏠녓슴니다

明春我要養蠶 명츈워얖양짠

各地方有蠶業學堂 꺼듸빵위짠예쑈탕

蠶兒是怎么成絲呢 짠얼쓰즘마청쓰늬

做窩子再變成絲的 쥐워쯔지볜청쓰듸

老蟉螭飛舞了 랖릐리뻬우라

蛤蟆跳進溝裡去 하머턒진꺽리취

蛤蠣在海邊兒 꺼리지히볜얼

長虫本來不是個好東西 창충썬릭부쓰거한둥시

鷄在籬笆障根兒找着虫子 지찌리바장끈얼잪져충쯔

蜂兒和蝴蝶從花裏頭來往不斷 뻥얼히후데충화리틱릭왕부돤

명츈에는내가양잠을ᄒᆞ겟소

각디방에잠업학교가잇슴니다

누에는웃더케실이됨닛가

고치를만든후에다시변ᄒᆞ야실이되오

잠아리가나릅니다

개고리가개쳔으로뛰여드러감니다

조개가히변에잇소

비암은원릭조흔물건이아니오

닭이울밋헤서버러지를찻소

벌과나뷔가쏫속에서릭왕부단ᄒᆞ오

好像螞蟻趕集的樣子了 한쌍마이싼지되양쯔라
기아미장스는것과갓소

單語

鯨魚	징위	고리
金魚	진위	금부어
鮫魚	잔위	교어
鰵魚	민위	민어
鯉魚	리위	리어
鯽魚	지위	부어
銀魚	인위	은어
鱔魚	싼위	빔장어
烏龜	우궤	거북
撒蒙魚	싸멍위	고등어
大頭魚	따탁위	도미
比目魚	삐무위	가자미
烏賊魚	우제위	오징어
海蛤蠣	히꺼리	큰조기
鮑魚	봐위	전복
海參	히썬	히삼

蝦米 싸미 ᄉᆡ우
甲魚 자위 자라
章魚 장위 낙지
龍蝦 룽싸 ᄃᆡ하
蠶 찬 누에
螞蜂 마ᅗᅥᆼ 벌
螞蟻 마이 ᄀᆡ미
蝴蝶兒 후뎨얼 나비
蜈蚣 우궁 진에
蚰蜒 취잔 디룡이

蛆 취 구더이
螞蚱 마자 뫼ᄯᅮᆨ이
螃蟹 팡셰 게
蟈蟈兒 궈궈얼 귀ᄯᅩ람이
蜜蜂 미ᅗᅥᆼ ᄭᅮᆯ벌
蜘蛛 즤주 거믜
火虫兒 화츙얼 반듸불
長虫 창츙 ᄇᆡ암
蒼蠅 창잉 파리
蚊子 원ᄶᅳ 모긔

虱子(시쯔) 이

蛇蛋(써짠) 베룩

臭虫(추충) 빈대

蝸牛(꽈뉴) 달팽이

蛤蟆(하머) 개고리

第十三章 軍器

拿着長槍(나져창창)
쟝창을、가졋슴니다

鎗、都是五裝的(창 뚜쓰우쫭듸)
총은、모다、오련발이오

中了那個射垜(중라나거써둬)
관혁에、마졋슴니다

弓是古時的武器(궁쓰구시듸우치)
활은、고시대의、무긔올시다

拔刀砍了(빠또칸라)
칼을빼여、찍엇슴니다

吹笛的是軍隊哪(취듸듸쓰쥔뒈나)
피리부는이가、군대、구려

拿棍子來、打他罷 나쿤쯔래 따타바
那是鼓聲兒啊 나쓰꾸셩얼아
從過年開仗了 쭝궈넨캐장라
這是中國的兵船 저쓰중궈듸쌩촨
放鎗殺倒了一個兵隊 빵창싸또라이거쌩뒈
不要打仗了 부야따장라

單語

彈子兒 탄쯔얼 탄환
機關砲 지관팦 긔관포
連環槍 렌환창 련발포

몽동이갓다가져를싸리시오
그것은북소릭로구려
작년브터젼징을ᄒᆞ오
이것은청국병션이오
총을노아병뎡ᄒᆞ나를죽엿다
젼징ᄒᆞ기를원치안엇다

單響槍 싼썅창 단발총
大砲 싸팦 ᄃᆡ포
野砲 예팦 야포

快쾌槍창 속사포

砲팦車처 포거

地듸雷레 디뢰포

槍창 총

弓꿍 활

劍졘 갈

箭젼 살

鼓꾸 북

笛듸 피리

喇라叭빠 라팔

軍쥔旗치 군긔

軍쥔糧량 군량

第三編 問答

第一課

您닌納나貴뀌姓싱 뉘시오닛가

賤젼姓싱王왕 천셩은왕가오

請教台甫 칭쟈틔약

草字相臣 찬쯔상천

貴昆仲幾位 꿰쿤중지위

我們弟兄五個 워믄듸쑹우거

府上在那兒住 약상찌나ㅣ얼주

住在王城裏 주찌왕청리

第二課

今天好啊 진톈한아

是誰啊 쓰쉬아

是我 쓰워

별호는무엇이시오

일홈은상신이오

안형이멧분이시오

나는오형뎨오

되이어듸시오

왕셩안에잇슴니다

오날웃더시오

뉘시오

네나요

請進來 (칭진릭)
드러오시오

這幾天老沒見了 (저지톈랖메젼랴)
요ᄉᆡ는못뵈엿소그려

久違了 (쥐웨라)
오ᄅᆡ못뵈엿소

請坐喝茶罷 (칭줘허차바)
안져차마시시오

近來怎麽樣 (진릭즌마양)
근ᄅᆡ엇더ᄒᆞᆸᄂᆡᆺ가

好托福托福 (한퉈뽀퉈뽀)
덕분에잘잇습니다

第三課

哥哥新喜啊 (써써신시아)
형님환셰안녕이ᄒᆞ셧습닛가

好說、大家同喜啊 (한숴 싸쟈퉁시아)
조흔말이오환셰평안이ᄒᆞ셧소

哥哥請坐 (써써칭줘)
형님안즈시오

줘슴마
做甚麽
무엇을ᄒᆞ겟소

세꺼꺼비넨나
給哥哥拜年哪
형님세세비ᄒᆞ겟소

슴마화늬
甚麽話呢
두슨말솜이오

쓰세당커투듸
是該當磕頭的
녜당연이비례ᄒᆞᆯ것이오

칭치칭치
請起請起
이러나시오

칭츼지거쟈오바
請吃幾個餃子罷
만두멧기자부시오

워지쟈리치라추래듸
我在家裡、吃了出來的
나는집에서먹고왓슴니다

第四課

랍예셴셩래라
老爺、先生來了
영감션싱님오셧슴니다

칭나차래아
請、拏茶來啊
청컨티차가져오너라

先生請坐 (셴썽칭쭤)

션싱님안즈십시오

請坐 (칭쭤)

안게

昨天看那話條子、有幾處不懂得 (쭤톈칸나화톼쯔 유지추부둥더)

어제본말책에멧군듸모를것이잇슴니다

還有甚麽難處呢您納說一說 (히유슴마나추늬닌나쉬이쉬)

그져무슨모를것이잇나그듸가한번말ᄒᆞ여보게

這一個字我找不着 (저이거쯔워잪부저)

이글ᄌᆞ는차질슈업셔오

那是個俗字典上沒有的 (나쓰거쑤쯔뎬쌍메유듸)

그것은속자뎐에는업는것일셰

就是這個呢 (쥐쓰저거늬)

그러면이ᄌᆞ는무엇이오닛가

那是衆字 (나쓰쭝쯔)

그것은무리즁자일셰

第五課

今兒晚上好啊 (진열완양핲아)

오늘져녁은웃더시오

來的正好 (래듸쪙한)

先生在家麽 (셴셩찌쟈마)

在家 (찌쟈)

我要和他見面說話 (워얀허타졘몐숴화)

請進來罷 (칭진래바)

從那兒進去好啊 (충나얼진취한아)

簡直的往裏頭走 (졘즤듸왕리턱적)

請先生安 (칭셴셩안)

你找我有甚麽貴幹 (늬쟌워우슴마꿰싼)

些微有點兒事奉求 (셰웨우뎬얼쓰뼝칙)

미우잘오셧습니다

션싱이ᄃᆡᆨ에계시오

집에계십니다

늬가져고말슴ᄒᆞ려ᄒᆞ오

청컨ᄃᆡ드러오시오

어ᄃᆡ로드러가야좃소

곳속으로드러오시오

션싱긔운엇더시오

로형이나를차저무슨ᄒᆞᆯ일이잇소

조곰아ᄒᆞᆫ일이잇서엿쥬려ᄒᆞ오

第六課

令尊大人好哪 (링쥰싸인한나)
츈부장긔운이웃더시오

托福很康健 (퉈뿌흔캉졘)
덕퇵으로미우강건ᄒᆞ오

你忙不忙啊 (늬망부망아)
로형밧부시오아니밧부시오

是近來我忙 (쓰진릐워망)
네요ᄉᆡ나는밧부오

一塊兒散步出罷 (이쾌얼싼부취바)
한가지산보나아갑시다

到那個山上去好呢 (딴나거싼샹취한늬)
그산우로가면좃소

太乏了歇一會兒 (틔쟌랴쎄이회얼)
미우곤ᄒᆞ니좀쉬입시다

你別這麽拘禮 (늬베저마쥐릐)
로형이러케체면차리지마시오

多謝盛情 (둬쎼싱칭)
셩의는감ᄉᆞᄒᆞ오이다

你怎麽這麽忙啊 늬즘마져마망아

天不早了 텐부잪라

我要失陪了 워얖싀페라

回去打那兒去抄近 회취따나얼취챂진

你可帶路到西山去罷 늬커ᄯᅵ루닾시싼취바

第七課

你昨兒個出門了麽 늬줘얼거추먼라마

是出門去了 쓰추먼취라

到那兒去來着 닾나얼취래져

上京城來了 쌍징쳥래라

로형웃지ᄒᆞ야이러케밧부시오

느졋슴니다

나는실례ᄒᆞ겟소

도라갈제어듸로가면갓갑겟소

로형은길을ᄶᅡ라셔산으로가시오

로형어제문에나아갓습듸가

네나아갓셧슴니다

어듸갓다가왓소

경셩갓다가왓소

是你一個人去的麽 쓰늬이거인취듸마
로형혼자가셧습닛가

還同着兩位朋友 히퉁져량위펑위
친구두분과갓치갓습니다

是閒逛去了麽 쓰쏀쐉취라마
놀너가셧습닛가

不是要買東西去了 부쓰약미둥시취라
아니오물건사러갓습니다

甚麽東西呢 슴마둥시늬
무슨물건이오

些個古玩玉器和零用的傢伙 쎼거꾸완위치히링융듸자훠
멧킈고물옥그릇과잡살방이세간이오

第八課

今兒偺們看戲去罷 진얼자먼칸시취바
오날우리희디보러갑시다

是那麽奉陪 쓰나머앵페
그러면모시고가겟소

已經開戲了快走罷 이징키시라쾌쩌바
발셔희디를여럿소얼는갑시다

坐電車去怎麽樣
쭤뎬쳐취즘마양
뎐차로가면엇덧소

那麽着很好
나머저흔한
그러면미우좃소

哎呀戲臺上很好看哪
애야시틔샹흔한칸나
아、희틔위가미우보기조쿠려

這個館子是敝國頂、出名的
저거완쯔쓰씨궈띵추망듸
이연극당은폐국에미우유명ᄒᆞ오

可不是麽、一切的戲衣都是加工細做的、所用的林料都是綢子緞子
커부쓰마이체듸시이떠쓰자궁시쭤듸쒀융듸치랴떠쓰척쯔돤쯔
아니그러켓소모든연극옷이다훌륭ᄒᆞ고소용의저료가다비단이구려

第九課

你上那兒去了
늬샹나ㅣ얼취라
로형어듸로가시오

上學堂去了
샹쐬탕취라
학교로가오

是那個學堂 (쓰나거쑈탕)

是在大街上的 (쓰쯰따졔쌍듸)

啊那么是箇醫學堂 (아나머쓰거이쑈탕)

不錯 (부춰)

幾位教習 (지위쟌싀)

三十五位教習 (싼싀우위쟌싀)

學生共總有多少 (쑈썽꿍쭝익둬쌒)

五百個人 (우비거신)

幾點鐘上堂 (지덴중쌍탕)

早起八點鐘上堂 (짶치쌔덴중쌍탕)

어느학교오닛가

네티로변에잇소

아그러면의학교요

그럿소

교ᄉᆞ가몃분이시오

삼십오명의교사오

학ᄉᆡᆼ이모다을마나잇소

오ᄇᆡᆨ명이오

몃졈에상학ᄒᆞ오

아ᄎᆞᆷ여ᄃᆞᆲ졈에상학ᄒᆞ오

지덴즁싸탕
幾點鍾下堂
몃뎜에하학흡닛가

싸우싼덴즁
下午三點鍾
하오셔졈이오

第十課

닌나쓰지얼싼둔리릐듸
您納是幾兒打屯裏來的
로형몃친날둔에셔오셧소

워돠라핟쎄이쯔라
我到了好些日子了
나는온지여러날되엿소

닌나릐라워쭝메팅젼쉐
您納來了我總沒聽見說
로형오신쥴은내도모지 드럿소

워팅젼워예잪릐챠릐라
若聽見、我也早來瞧來了
만약드럿드면나도발셔와셔보엿겟소

늬먼듸듸빵쨔나ㅣ얼
你們的地方在那兒
로형의시골이어듸오

쪠즁쥐쉬수듸듸빵얼
在忠州所屬的地方兒
츙쥬소속의디방이오

듸촨마
堤川麽
졔쳔이오닛가

부쓰 쓰무지
不是 是鶩溪
아니오목계오

진넨나얼듸좡자수허
今年那兒的莊稼如何
금년에거긔년형이웃덧소

헌화 뺑싱따쉬라
很好、豐盛大収了
미우좃소풍년이라잘거두엇소

신단이산둬쌀첸매미
新稻一石多少錢買賣
신도한셤에얼마로미미홉닛가

부궈쓰우루괘
不過是五六塊
불과오륙원이오

따두쭌마라
大豆怎麽了
콩은웃덧습닛가

스래거첸이성라
十來個錢一升了
한되에십젼이내오

쉬둬넨래메유저마쪈
許多年來沒有這麽賤
년릭에이러케싼젹이업소

第十一課

저졘꽈쯔쩌푸쯔리매듸마
這件掛子在鋪子裏買的麽
이바지는젼에서산것이오닛가

부쓰푸쯔리듸먀오쌍매듸
不是舖子裏的、廟上買的
아니오뎐에셔산것이아니라장에셔산것이오

둬쌒인쯔매듸
多少銀子買的
을마에산것이오

늬비치이치
你白猜一猜
로형아라보시오

저졘즤부지예즤싼비량인쯔
這件至不濟也値三百兩銀子
이것은지극히헐ᄒᆞ여도은ᄌᆞ삼ᄇᆡᆨ량은쥬겟소

워충얼비량쌍톈치 톈닾얼비우싀량쌍 타직매라
我從二百兩上添起、添到二百五十兩上、他就賣了
나는이ᄇᆡᆨ양으로조쳐말ᄒᆞ야이ᄇᆡᆨ오십량ᄭᆞ지올닌즉제가곳파럿소

쟈쳰즌마저마졘 충쳰썅저양얼듸 지핑창 데우비량인쯔
價錢怎麽這麽賤、從前像這樣兒的、至平常、得五百兩銀子
갑시웃지ᄒᆞ야이러케싸오젼에는이러ᄒᆞᆫ것이싸도오ᄇᆡᆨ원이엿소

第十二課

늬나왕나ㅣ얼취릭저
你納往那兒去來着
로형은어듸갓다ᄋᆞ오시오

워왕나볜얼이거친치쟈취릭져
我往那邊兒、一個親戚家去來着

순볜얼닾워른자리쥐쥐얼바
順便我、到兒們家裏、坐坐兒罷

쌰쌰닌나쪄져얼주저마
大哥、您納在這兒住着麽

쓰아신진쌘라릭듸
是啊 新近搬了來的

워쉬지닾 쥐짶궈릭칸늬나릭라
我若知道、就早過來看你納來了

저쓰워쟈 늬나칭쌍쥐
這是我家、你納請上坐

저얼쥐저쑤얘
這兒坐着舒服

늬나저마쥐라 쟌워즌마쥐늬
你納這麽坐了、叫我怎麽坐呢

이정쥐쌰라저얼와거캎퉈얼
已經坐下了、這兒有個靠頭兒

第十三課

나는그쪽일가집에갓다가왓소

가시는길에ᄂᆡ집에오셔셔노시오

로형은여긔사르시오

그럿소셔로이사왓소

내가만일아럿더면벌셔와셔로형을뵈엿겟소

이것은내집이오드러안즈시오

여긔안져도편ᄒᆞ오

로형이이러케안즈시면나다려는웃지안즈라ᄒᆞ시오

안젓습니다여긔안즐것이잇소

쟈리인늬 나훠래
家裏人呢、拿火來
아무기잇나불가져오게

싸써 워부츼옌 쮀리창라 컥창라
大哥、我不吃煙、嘴裏長了口瘡了
형님나는담비아니먹소입에구창이낫소

워쓰져마져 짇쾌또차래
若是這麽着、就快到茶來
만일이러ᄒᆞ면곳차가져오게

싸써칭차
大哥請茶
형님차잡으시오

한어차아 뤼량이량얼바
好熱茶啊、略涼一涼兒罷
너무더운차오좀시키시오

쓰아
是啊
네

칸빤취 짇바쎈청얼듸쾌나라래
看飯去、就把現成兒的快拿了來
가셔밥보시오그리고지금만든것을얼는가져오시오

싸써 쎄쎄신 워히야왕쎄추얼취 늬
大哥、別費心、我還要往別處兒去呢
형님염려마시오나는또딴데갈데가잇소

전마러 쎈청얼듸우부쓰웨늬나
怎麽咯 現成兒的又不是爲你納
무슨、지금만든것은또로형을위

위얘듸 쒸뻔얼 쟝쥐져츼뎬얼바

預備的、隨便兒、將就着吃點兒罷

ᄒᆞ야예비ᄒᆞᆫ것이아니니마음노시고좀잡슈시오

따써워히쨰커마이징인더야샹

大哥、我還作客麽、已經認得府上

러

咯

형님내가ᄎᆡᆨ벽을ᄒᆞ겟소발셔되을다짐작ᄒᆞ는데

第十四課

라먼쟈리쉬부쬐라

仙們家裡誰不在了

져의집에누가국겻소

타듸약친부쬐라

他的父親不在了

져의부친이국겻소

니댜상취래메위

你吊喪去來沒有

로형조상갓다오셧소

쥐얼쥐됴창워쩌나얼쥐라이쎵

昨兒做道場、我在那兒、坐了一整

어제지올니는데내가거긔가셔종

톈늬

天呢

일잇셧소

둬잔추쎈

多喒出殯

은제출빈ᄒᆞ오

說是月底
쉬쓰웨듸

他們塋地在那兒
타먼잉듸ᄶᆡ나ㅣ얼

離我們家的墳地很近
리워믄쟈듸뻔듸흔진

若是這麽着道兒很遠哪
워쓰저마저단얼흔웬나

不過是三十多里罷
부궈쓰싼싀둬리바

三十多里不遠麽
싼싀둬리부웬마

遠是遠雖然當天可以回來呢
웬쓰웬쉬산당톈커이화래늬

在遠處兒葬埋雖說是好、若到了
ᄶᆡ웬추얼장메쉬쉐쓰핲 워돠랴

子孫們、沒有力量兒、就難按着時
쯔쑨믄메워릐량얼 작난안저시

候兒上墳了
학얼쌍뻔라

그믐제라말합듸다

져의묘소가어듸오

우리집묘소에셔ᄆᆡ우갓갑소

만일이러ᄒᆞ면길이ᄆᆡ우머오구려

불과시삼십여리오

삼십여리가머지안소

멀기는멀지마는당일에도라옴니다

먼데ᄆᆡ장ᄒᆞᆷ을비록좃타ᄒᆞ나ᄌᆞ손

에게이르러형세가업스면곳ᄯᅥᆨ맛

초어셩묘ᄒᆞᆯ슈업소

第十五課

니와지위링탕
你有幾位令郞
워와우거얼즈
我有五個兒子
추라화얼라메와
出了花兒了沒有
엉라우거츈라우거
生了五個存了五個
니쓰흔와약듸신아
你是很有福的人啊
슴마약아첸엉잪듸쮀바레
甚麽福啊前生造的罪罷咧
슴마듸화투얼라마
甚麽的話頭兒了麽
니히부지닾라
你還不知道了
싸쎄얼듸히한덴얼 쌸쎄얼듸메
大些兒的還好點兒、小些兒的每

로형ᄌᆞ제가멧분이오
나는ᄌᆞ식이다셧이오
나셔업서니는업소
다셧나셔다셧사랏소
로형참유복ᄒᆞᆫᄉᆞ룸이오
무슨복이겟소젼싱에지은죄올시다
무슨말ᄉᆞᆷ이오
로형아즉모르시오
큰것들은그ᄅᆡ도좀나으나적은것

天吱兒喳兒的吵的、連心裡都熟
톈저얼사얼듸찬듸 롄신리뚜쑤

들은미암세쎄ᄒᆞ고쪄드러속이죄

燙了
탕랴

탐니다

世上的人都是這麽樣、子孫富的
시쌍듸인뚜쓰저마양 쯔쑨뿌듸

세상ᄉᆞᄅᆞᆷ이모다이러ᄒᆞ구려ᄌᆞ손

人們又嫌多了抱怨
인먼외쏀둬랴밮웬

만흔ᄉᆞᄅᆞᆷ들은또만흔것을혐원ᄒᆞ오구려

第十六課

來
래

오너라

喳
자

녜

拏水來
나쉬릐

물가져오나라

老爺要的是涼水、是開水
랖예얀듸쓰량쉬 쓰키쉬

영감찬물이오닛가더운물이오닛가

要涼水洗澡、要溫水洗臉
얀량쉬시잔 얀운쉬시롄

찬물은목욕ᄒᆞ겟고더운물은낫씻겟다

臉盆裏有溫水、那澡盆是漏的、怕 (롄펀리와운쉐、나잔펀쓰럭듸、파)
能倒水 (넝닾쉐)
快叫人收拾罷、我那衣裳、你抽扞 (쾌잔인쒀씌바、워나이샹、늬초써)
了沒有 (라메와)
衣裳是早已抽打了、靴子也刷了 (이샹쓰잔이초써라、쒜즈예솨라)
怎麽呢 那手巾那胰子、還擱在那 (즘마늬 나쒀진나이즈、히써짜나)
裡 (리)
那胰子在屜板兒上、手巾在架子 (나이즈짜티쌘얼상、쒀진짜쟈즈)
掛着 (꽈저)

티야에더운물이잇고목욕그릇은
시여셔물따를슈가업소
얼는사름불너곳쳐라내옷다내여
노앗느냐
옷은벌셔내여노앗솝고신도닥겻
솝니다
웃지ᄒᆞ엿느냐슈건과비누는어듸
두엇느냐
비누는셜합우에잇고슈건은홰ᄯᅢ
에거럿솝니다

第十七課

尊姓大名 쭌싱따밍

我賤姓李小名叫重果 워쪤싱리쌴밍쟢즁궈

貴處那一省 꿰추나ㅣ이셩

敝處河南省 쎄추허난셩

貴甲子 꿰쨔쯔

我還小哪今年三十五歲 워히쌴나진넨싼시우쒜

你貴庚 늬꿰껑

我虛度五十歲了 워쉬뚜우싀쒜라

好福氣很康健 한약치흔캉쳰

府上都好啊 약쌍뚜한아

뉘시오닛가

내셩은리가오일홈은즁과오

어느셩에사시오

나는하남셩에사오

무슨싱여시오

나는졈소금년에삼십오셰오

무슨싱이시오

나는혓되이오십살을지냇소

복만ᄒᆞ시오믜우강건ᄒᆞ시오

되내가다일안ᄒᆞ시오

퉈닌듸뿌뚜핲
托您的福都好

타위쓰늬듸뺘친마
他位是你的父親麽

부쓰 쓰워듸쑤쑤
不是、是我的叔叔

타듸쉐쑤얼둬싸늬
他的歲數兒多大呢

쌔워싸싼씌둬
比我大三十多

부쏀나머랖학빠쌩부흔븨
不顯那麽老頭髮並不很白

第十八課

진얼와쉐래궈마
今兒有誰來過麽

싸신추취즤학와랴인찬래라 쉐
大人出去之後有倆人瞧來了、說

쓰싸인성라쏸돠시래라
是大人昇了官道喜來了

덕ᄐᆡᆨ에다일안ᄒᆞᆸ니다

져분이로형츈부장이시오

아니오우리아자씨오

져의나히가을마나되오

나보다삼십살이만소

그러케늙어뵈이지안소두발이다

ᄆᆡ우희지안소

오날누가왓다갓소

영감나가신후에두분이오셔서말ᄒᆞ기를영감이벼살승차ᄒᆞ심으로

치하왓다ᄒᆞᆸ듸다

쉐추취싸잉듸
誰出去荅應的

워쩌먼쿠얼잔저릐저 워쒀싸인
我在門口兒站着來着、我說大人

메짜쟈랖예먼칭뫄릐투줘바라
沒在家、老爺們請到裏頭坐罷他

먼부컨진래회취랴
們不肯進來回去了

뚜쓰슴마양얼
都是甚麽樣兒

이거쓰팡쯔 세싸인뤄깐재얼쓰
一個是胖子、比大人畧高些兒、四

짱롄얼롄빈후쯔빠쯔옌얼쯔탕
方臉兒、連鬢鬍子、暴子眼兒紫糖

써나이거쩐커쌰장듸칸부더이
色、那一個眞可笑、臟的看不得一

지옌얼체쟝착마쯔워쓰만싸쌔듸
隻眼而且糢稠麻子又是滿下巴的

좬먀얼후쯔듸
捲毛兒鬍子的

누가나아가응답ᄒᆞ엿쇼

내가문압헤셔셔말ᄒᆞ기를영감이
되에안계시다ᄒᆞ고여러분드러와
셔안지시라ᄒᆞ엿더니 이들이질
겨드러오지안코갓슴니다

다모습이웃덧습딋가

한분은살이쪗는데영감보다조곰
크고얼골이번듯ᄒᆞ고구레나룻에
부리부리ᄒᆞᆫ눈에검븕은빗이오또
한분은참가쇼로은것이한짝눈이
외구요또곰보에다가아리턱에그
득ᄒᆞᆫ꼬불꼬불ᄒᆞᆫ슈염입듸다

第十九課

今兒個是幾兒了（진얼거쓰지얼라）

오날이멧칠이오닛가

今兒個是八月十五（진얼거쓰빠웨싀우）

오날이팔월보름이오

噯呀是中秋三五哪（애야쓰즁칙싼우나）

아ㅣ즁츄삼오이구려

請坐、這現成兒的月餅、請吃幾個罷（칭줘 저쏀청얼듸웨솅 칭츼지거바）

온즈시오여긔셔로만든월병이잇스니멧ᄀᆡ자시오

吃的飽了再不能吃（츼듸봐라쬐부넝츼）

마니먹어셔더먹을슈업소

吃的那麽飽麽、年輕的人兒、纔吃了、就餓啊、想必是粧假罷（츼듸나마봐마 녠칭듸신얼 채츼라 짇어아 쌍쎄쓰좡쟈바）

무슨비가부르시겟소졂으신이들은잡슈면곳시장ᄒᆞ시지오필시그짓말솜이지오

眞的呀、在哥哥家我還作客氣麽、（쩐듸야 쬐써써쟈워 히줘커치마）

정말이오형님듸에셔내가치변ᄒᆞ

撒謊的是猴兒 (싸황듸쓰햑얼)

겟소그짓말이면원숭이지오

那麽就倒茶來 (나마쥐단차래)

그러면곳차가져오겟소

哥哥我不喝 (써써워부허)

형님나는못마시겟소

怎麽 (쯤마)

웃지ᄒᆞ야셔그럿소

我還要到別處兒去 (워히얀닾쎄추얼취)

내ᄯᅩᄯᅡᆫ데를가야ᄒᆞ겟소

第二十課

你坐火車去、是坐船去 (늬쥐훠쳐취 쓰쥐촨취)

로형차타고가시겟소비타고가시겟소

我要坐火車去 (워얀쥐훠쳐취)

나는긔차타고가겟소

是早車是晚車 (쓰잪쳐쓰완쳐)

첫차오막차오

早車太早晚車太晚我要坐午車去 (잪쳐태잪완쳐태완워얀쥐우쳐취)

첫차는너무일고막차는너무느져셔나는오차로가겟소

싱리둬부둬
行李多不多

부둬직와이거피샹 메와슴마쎄되
不多就有一個皮箱、沒有甚麽別的

나머쟈쿠릐취마
那麽叫苦力去麽

부워즈직쪄취
不、我自己帶去

훠쳐캐라메와
火車開了沒有

처키라부싸듸꿍약얼
纔開了不大的工夫兒

애야싸이탕듸훠쳐쓰슴마시후얼키늬
哎呀下一盪的火車是甚麽時候兒開呢

나쓰머머랴얼듸훠쳐 쪄메와라
那是末末了兒的火車、再沒有了

힝장이만슴닛가

만치안소피상ᄌᆞᄒᆞ나잇고싼것은업소

그러면삭군불너가시겟소

아니오내가가지고가겟소

회차가써낫쇼아니써낫쇼

곳써ᄂᆞᆫ지얼마아니되오

아예고막차는멧시에써남닛가

그것이막차오다시는업슴니다

啊、沒法子等明天走罷 (아 메 빠 쯔 덩 밍 텐 쩌 바)

아ㅣ할슈업소명일을기다려가여겟소

請您買票罷 (칭 닌 매 퍄 바)

로형차표사시오

我已經買好了 (워 이 징 매 화 라)

나는샷습니다

請您上車罷、不送不送 (칭 닌 쌍 처 바 부 쑹 부 쑹)

로형차타시오젼송치안소

別送別送 (베 쑹 베 쑹)

젼송말으시오

第二十一課

少見少見、好啊您納 (쌒 뎬 쌒 뎬 핲 아 닌 나)

오ᄅᆡ못보엿소웃뎟습니가

托福托福您這麽早早兒的到舍下 (뒤 약 뒤 약 닌 저 마 잪 잪 얼 듸 닾 써 쌰)

로형덕분이오로형이이러케일죽이ᄂᆡ게오셧스니무슨말숨이잇소

來有何見教請坐請坐 (래 위 허 졘 쟢 칭 쭤 칭 쭤)

안지시오

您請坐罷、聽說您今兒早起身要 (닌 칭 쭤 바 틩 숴 닌 진 얼 잪 치 션 얀)

로형안즈시오들으니로형이오날

下鄉去所以我就給您送行來了
싸샹취쉬이워직세닌쑹싱릭라

啊勞駕勞駕你實在多禮了
아랖쟈랖쟈늬싀쬐둬례라

該當的您這回下鄉去有何貴幹
씨당듸닌저회싸샹취우허쒸깐

沒甚麼要緊的事情爲得不過是遊
메슴마얖진듸쓰칭웨더부궈쓰와

歷去的
릐취듸

連來帶去總得要多少日子呢
렌릭떠취쭝데얖둬쌒시쯔늬

這還不一定少也不下倆多月的光
저히부이띵쌒예부싸랴둬웨듸꽝

景罷
징바

要走的總有多少里路呀
얖쩍듸쭝우둬쌒릐루야

通共算起來、有三百多里的光景
퉁궁쏸치릭 우싼비둬릐듸꽝징

아참에시골을떠나신다ᄒᆞ기에내로형젼송왓슴니다

아ㅣ슈구ᄒᆞ셧슴니다로형이참례가만슴니다

맛당ᄒᆞᆫ일이지오당신은이번에서골가시는것이무슨일이잇소

무슨요긴ᄒᆞᆫ일은업고불파시유람ᄒᆞ러감니다

가고오기ᄭᆞ지멧칠이나되겟슴닛가

이것은일졍치못ᄒᆞ오져어도두어달동안은되겟슴니다

가실데가모다멧리나되오

도합삼빅여리되겟슴니다

罷바

아 원나 즘마늬넝부싱얼쩌우늬
啊、遠哪、怎麽你能步行兒走呢

예메슴마웨난듸만만얼듸이톈
也沒甚麽爲難的、慢慢兒的、一天

쩌거얼쓰리야쓰쓰리듸닾얼마
走個二十里呀、四十里的道兒麽

쟌예줴부쟢텅리바
脚也覺不着疼了罷

저화예부춰커쓰회우거쌘얼마쓰
這話也不錯可是還有個件兒麽是

닌싼쩌늬
您單走呢

히우타빵쩌듸이웨펑우랴
還有打幫走的一位朋友了

나껑핲바
那更好罷

워저작야지썬라커쓰인웨싱치흔
我這就要起身了可是因爲行期很

아머ㅣ오그려엇지로형이거러가시겟소

아모어려울것이업소천천히하로에이십리나사십리의길을가면다리도압흔줄모릅니다

이말삼도괴이치안소그런대또혼동힝이나잇소로형혼자가시오

또한작반하야갈친구한분이잇소

그는참좃켓소

내가곳떠나겟는데힝긔가매우밧바서딕에가백씨게작별을못하고

망부넝돠약쌍허링쓩쏘싱취라취
忙不能到府上和令兄辭行去了求
닌회취틔워쒀바
您回去替我說罷
닌태쩌돠라、 저워회돠쟈리인새
您太周到了、這我回到家裏應該
쓰게닌쒀쒀듸
是給您說說的
둬쎄둬쎄
多謝多謝
베쑹베쑹칭닌이루핑안바
別送別送請您一路平安罷

第二十二課

졔꽝졔꽝뎬신쥐쨔나ㅣ 얼아
借光借光電信局在那 兒啊
닌얀왕나ㅣ 얼취마
您要往那 兒去麽
쓰워얀따뎬보취라
是我要打電報去了

가니당신은가시거든내말삼을해
쥬시오
로형은넘우쥬밀하심니다
내가집이가면당신을위하야말삼
하겟소
고맙소
나오시지마시오청컨듸로형은혀
로에평안이왕반하시오
용셔하시오뎐신국이어듸오닛가
당신은어듸로가시겟소
네나는뎐보노러가겟소

저챤지라 워예졍왕나머취늬칭
這巧極了、我也正往那麽去呢、請

늬이쾌얼취바
您一塊兒去罷

흔한흔한
很好很好

늬먼랴웨우슴마쒜깐
你們倆位有甚麽貴幹

워믄쓰따뎬반릐라
我們是打電報來了

쓰따또나ㅣ얼취듸늬
是打到那兒去的呢

쓰이쌘둥징듸뺑라
是日本東京地方了

나이웨쓰
那一位是

워쓰중궈베징취듸
我是中國北京去的

뎬반뻬쓰얀둬쌋늬
電報費是要多少呢

이거공교ᄒᆞ구려나도그리가오한

가지갑시다

ᄆᆡ우좃소ᄆᆡ우좃소

로형두분은무슨ᄉᆞ고가잇소

우리는뎐보노러왓소

어ᄃᆡ로노시겟소

네일본동경으로노켓소

져한분은

나는북경으로노켓소

뎐보비는얼마오

那總得按着字數兒算的
나중데안저즈쑤얼쏸듸
그것은글ᄌᆞ슈를따라셔계산홉니다

三個字麽多少錢呢
싼거즈마둬쏘첸늬
셰ᄌᆞ면을마오닛가

一角錢
이쟢첸
십젼이오

回報多咱到的呢
회발둬짠도듸늬
회보는은제오겟습니가

那是不一定的
나쓰부이띙듸
그것은일졍치못ᄒᆞ오

第二十三課

你愛吃甚麽菜呢
늬애츼슴마채늬
로형은무슨안쥬를잘ᄌᆞ시오

我愛吃中國菜
워애츼중궈채
나는지나안쥬를잘먹소

那麽偺們就一塊兒到飯館子去罷
나머짜먼직이쾌얼도빤꽌즈취바
그러면우리곳한가지료리집에갑시다

那一個飯館子好呢
나이거빤꽌즈한늬
이는료리집이죳소

되이루쓰우이덩
第一樓是頭一等
져마져주바
這麽着走罷
꽌당얼래
跑堂兒來
자
喳
채산쯔나래
菜單子拿來
져쓰채산쯔
這是菜單子
쏀나위츼회옌워래바
先拿魚翅和鷰窩來罷
져쓰당싸부넝줘듸、워쓰얖츼져
這是當下不能做的、若是要吃這
거채산우쌘탠듸꿍약치커이듸
個菜耽悟半天的工夫纔可以的
나머라단바
那麽拉倒罷

데일루가데일이오
이러면갑시다
쌔이오게
네
음식목록가져오게
이것이음식목록이올시다
먼져어시와연와를가져오게
이것은당장에못만드는것이오만
일이안쥬를잡슈랴면반나졀이나
지쳬ᄒᆞ여야되겟슴니다
그러면고만두시오

這是甚麽呢 (저쓰슴마늬)

這是鮑魚湯 (저쓰밮위탕)

請拿來海蔘湯罷 (칭나래해션탕바)

不要炒三鮮麽 (부얖챺싼셴마)

不要 (부얖)

紅燒怎麽樣 (홍쌒즘마양)

吃飽了都不要、算賬罷 (츼밮랴뚜부얖 쏸장바)

這是十個大碗和酒價錢算起來通 (저쓰싀거따완훠쥐쟈첸쏸치래퉁)

共十塊五角了 (궁싀쾌우쟢랴)

請您記賬罷明天我可以賠你 (칭닌지장바밍톈워커이페늬)

이것은무엇이오

이것은젼복탕이오

히삼탕가져오시오

초삼션은실슴닛가

실소

싱션찜은읏덧슴닛가

비부르게먹어셔다실소갑회게ᄒ시오

이것이열그룻인ᄃᆡ슐갑과모다회계ᄒᆞ야십원오십젼이올시다

치부칙에올니시오래일로형계갑흐리다

쎄쎄니쬐전쬐전
謝謝你再見再見
고맙습니다또뵙시다

第四編 長話

第一課

시쌍듸쓰칭 뚜쓰메合마부넝줘듸 구위루부싱부닾 쓰부웨부청 저
世上的事情、是都沒甚麽不能做的、古語路不行不到、事不爲不成 這
쥐화직쓰쓰쬐몐창듸이스
句話就是事在勉强的意思

세상일은도모지、무슨、못ᄒᆞᆯ것업소、옛말에、길를힝치아느면、니르지못ᄒᆞ고、일을ᄒᆞ지아느면、되지안는다ᄒᆞ니、이말이、곳 일이라ᄒᆞᆷ은、 면강ᄒᆞᆷ에잇다ᄒᆞ는의사이오

第二課

타부쓰썬리부화듸신 쩬저즘마쥐추쥐신듸쓰래늬 늬볘괘타 나직
他不是本來不好的人、現在怎麽作出屈心的事來呢、你別怪他、那就
쓰마지맏창 신예직뒨듸랴
是馬瘠毛長、人貧志短的了

졔가보래、조치아는ᄉᆞ롬은안넌듸、지금웃지ᄒᆞ야、굼심ᄒᆞᆫ일을지
어ᄂᆡ는고、로형은져를괴이히녀기지마시오、그것은、곳、말이파리
ᄒᆞ면、헐이길고、사롬이가난ᄒᆞ면、뜻이짤은것이오

第三課

타셴쩌흔더이듸 나쎄셴머타 밍웨부챵웬 치윈숭이싼 닌저당얏츄
他現在很得意的、你別羨慕他、明月不常圓、彩雲容易散、您這邊要出
왜취 워쌀쑤늬 비리부퉁쌩 첸리부퉁쑤
外去、我告訴你、百里不同風、千里不同俗

졔가지금、미우、득의ᄒᆞ엿소、로형은、져를부러워ᄒᆞ지마시오、명
월이、항상둥그지안코、치운이용이ᄒᆞ게헤여짐니다、로형이、이번
에、외출코져ᄒᆞ나、내、로형께말ᄒᆞ리라、빅리에、바람이 갓지안코、
쳔리에、풍속이갓지아니ᄒᆞᆫ것이오

第四課

워나거끈쌘듸 싀쌔쓰커어듸 쟈타매슴마취 이띵얏잔첸나
我那個跟班的、實在是可惡的、叫他買甚麽去、一定要賺錢哪

늬볘지라 나메빠쯔듸쓰 인장부투인 어쓰이 자신 져뻥부투부 약
你別急了、沒沒法子的事、銀匠不偷銀、餓死一家人、裁縫不偷布、婦
신 머더쿠나
人莫得褲哪

내그하인은、실샹、가악ᄒᆞᆫ놈이오、져로ᄒᆞ여곰、무슨물건을사려보내든지、쌱、돈을떼여먹으려ᄒᆞ오

로형은급조히마시오、그것은ᄒᆞᆯ슈업는일이오、은장식이은을두젹ᄒᆞ지아느면、왼집안사룸이、굴머죽고、바누질ᄒᆞ는사룸이、뵈를훔치지아느면、부인이바지가업다ᄒᆞ오

第五課

늬믄챵웬팅빵인듸해화 위애쇼턒쉬 늬믄쓰거밍비듸인나 워짠수
你們常願聽傍人的嗐話、又愛受挑唆、您們是個明白的人哪、我告訴
늬이량쥐화 쥐쓰량야쿠쭈 량웬이얼 히위이쥐 위웬 부신 신웬부
你一倆句話、就是良藥苦口、良言逆耳、還有一句、美言、不信、信言不
위듸라
美的了

로형들이항샹엽헤사룸의아당ᄒᆞ는말듯기를원ᄒᆞ며쐬임바 기를사

랑ᄒᆞ시오、로형들은명빅ᄒᆞᆫᄉᆞᄅᆞᆷ이라내로형께ᄒᆞᆫ말ᄉᆞᆷᄒᆞ오리다조ᄒᆞᆫ약이입에쓰고조ᄒᆞᆫ말이귀에거사리오、또ᄒᆞᆫ말이잇소、조ᄒᆞᆫ말은밋업지못ᄒᆞ고、밋업즉ᄒᆞᆫ말은아름답지아는것이오

第六課

늬볘팅뉘인듸화 쌰셔루쓰메이추듸 쑤위예쉬 시거뉘인직거루 녠
你別聽女人的話、大概都是沒益處的、俗語也說、十個女人九個妬、年
칭듸인쭝얖몐챵융꿍 구인예쉬궈 샾녠부누리 랖쌰두샹볘
輕的人總要勉強用功、古人也說過、少年不努力、老大徒傷悲

로형은녀인의말을듯지마시오대기도시이욱ᄒᆞᆫ것업소속담에계집열에아홉은투긔라ᄒᆞ오졂은ᄉᆞᄅᆞᆷ들은도모지힘써공부ᄒᆞ여야ᄒᆞ오옛ᄉᆞᄅᆞᆷ도말이잇소쇼년에힘쓰지아니ᄒᆞ면늙고커서한갓상하고슯ᄒᆞ다ᄒᆞ오

第七課

녠슈듸인부얖썅뼤듸쓰 쭈루져부구투나 늬싼슴마쓰 틔궈위만시
念書的人不要想別的事、逐鹿者不顧兎哪、你幹甚麽事、太過於冒失

쭝 데 약 쌰 신 뎬 얼 쳥 까 수 니 량 쥐 화 뼤 왕 라 녠 녠 위 수 린 옌 시 신 신 창
總得要小心點兒、成告訴你兩句話、別忘了念念有如臨淵日、心心常
쓰 궈 챤 시
似過橋時
글읽는ᄉᆞᄅᆞᆷ은、ᄯᅡᆫᄉᆡᆼ각을ᄒᆞ여셔는아니되오사슴을좃는ᄌᆞ가듯씨는
도라보지안는것이오、로형은무ᄉᆞᆫ일을ᄒᆞ든지、너무、모싀에지나니
염 염 유 여 림 연 일 심 심 상 사 과
좀주의ᄒᆞᆯ일이오、로형ᄭᅦ두어말을ᄒᆞ니念念有如臨淵日、心心常似過
교 시
橋時란말을잇지마르시오

第八課

타 듸 쑈 문 흔 꽈 웨 슴 마 회 번 썅 취 뉘 니 부 지 단 마 린 중 부 미 신 후 쌍 부
他的學問很高、爲甚麽回本鄕去呢、你不知道麽、林中不賣薪、湖上不
위 위
鬻魚
져의학문이미우놉흔ᄃᆡ、웃지ᄒᆞ야、본향으로도라갓슴닛가、 로형
모르심닛가、슈풀가온ᄃᆡ에셔는、셥을팔지안코、 호슈우에셔는고
기를팔지안슴니다

第九課

늬져볜 워얀단왜양취 닝쭌예원이듸마 타웬이부웬이 나단부얀진
你這邊、又要到外洋去、令尊也願意的麽、他願意不願意、那倒不要緊

창옌쒀려 추자충친 저쟈위쎤
常言說道、初嫁從親、再嫁由身

로형이이번에또외양에가려ᄒᆞ시오、츈부장ᄭᅴ셔도허락ᄒᆞ심닛가、허락ᄒᆞ시고아니ᄒᆞ시고、다관계업습니다、상말에ᄒᆞ기를、쳐음시집은어버이를좃지마는、두번재시집은제몸을말미암는다ᄒᆞ오

第十課

쌍회타돤라셴라 궈라우루톈 위쥬라시뿌라 세충쳰듸쯤마양 부궈
上回他斷了絃了、過了五六天、又娶了媳婦了、比從前的怎麽樣、不過

쓰이양이뉴바례
是以羊易牛罷咧

져번에져ᄉᆞ람은상비를ᄒᆞ고오륙일지나셔또속현을ᄒᆞ엿습니다젼에비ᄒᆞ면웃더습닛가불과시양으로써소를밧군것이지오

第十一課

나히쯔장듸부궈쌔쉐커흔쑤매미듸쓰 나작쓰진쉬지쉬싱진싼시
那孩子長的不過八歲可很熟買賣的事、 那就是近水知魚性近山識鳥
인듸라
音的了

그아히가난지불과여덟살인디장ᄉᆞᄒᆞ는일에미우한숙ᄒᆞ오그는곳물에갓가우면고기의셩품을알고산에갓가우면식소리를안다ᄒᆞᆷ이오

第十二課

나위쌰예매쌰부춰듸롄졔인인싀싼무타시지쓰중마더마중루더루듸라
那位少爺每考不錯的連捷人人都羨慕他實在是種麻得麻種豆得豆的了

그량반은시험ᄒᆞᆯ때마다쇽쇽장원을ᄒᆞ야ᄉᆞᄅᆞᆷ마다모다그를부러워ᄒᆞ오실상우삼을심으면삼을읏고콩을심으면콩을읏는것이구려

第十三課

타믄나지거인이쾌얼허직허줴라 직난추쓰래라 져 쓰뤄지쯔빼직
他們那幾個人一塊兒喝酒喝醉了、就鬧出事來了、這 是樂極則悲酒

極則亂的麽

져의들몟ᄉᆞ룸이한가지술를먹고취ᄒᆞ야야료를이르켯소이것이곳질거움이극ᄒᆞᆫ즉슯ᄒᆞ고술이극ᄒᆞᆫ즉어즈럼이아니오닛가

第十四課

你說借酒解悶成可不信、俗語不是說麽、藥不能醫假病、酒不能解眞愁、別人怎麽議論你、你不要多思多想了、根深不怕風搖動、樹正[illegible]愁日影斜、你現在窮是窮、可不要憂愁、黃河尙有澄淸日、豈可人無得運時

로형말이술를비러민망ᄒᆞᆷ을푼다ᄒᆞ니나는밋을슈업소속어에잇지안슴닛가약이능히쇠병을다사리지못ᄒᆞ고술이능히ᄎᆞᆫ근심은풀지못ᄒᆞ오다른ᄉᆞ룸이웃지로형을의론ᄒᆞ든지로형은마히사량을ᄒᆞᆯ것이아니오색리가깁흐면바룸이요동ᄒᆞᆷ을두려워ᄒᆞ지안코나무가바르면웃지히그림ᄌᆞ빗기는것을근심ᄒᆞ겟소로형이지금은궁ᄒᆞ기는

궁ᄒᆞ나근심ᄒᆞᆯ것은아니오항하슈도몸을날이잇거든엇지가히ᄉᆞ롬이운슈엇을때가업겟소

第十五課

늬허타듸쟈오칭부쓰이녠량녠라 닾라우진좀마부훠무래늬늬부지닾

你和他的交情不是一年兩年了、到了如今怎麽不和睦來呢、你不知道、

이머우신 인머우쑤듸화라마

衣莫如新、人莫如故的話了麽

로형이져ᄉᆞ롬과사괴기를일이년이아닌ᄃᆡ지금와서웨화목지못ᄒᆞ시오로형옷은ᄉᆡ것갓ᄒᆞᆫ것이업고ᄉᆞ롬은오랜이만갓지안타ᄒᆞᄂᆞᆫ말을아지못ᄒᆞ시오

第十六課

꺼신듸윈치부넝이거양 쓰엉우밍 약꿔뗴텐 쉬산쏀뗴충 워부깐쭤

各人的運氣不能一個樣、死生有命、富貴在天、雖然現在窮、我不敢做

ᄃᆡ쓰나 닝커졍얼부주 부커씨얼오위

歹事哪、寧可正而不足、不可邪而有餘

각ᄉᆞ롬의운슈가능히ᄒᆞᆫ갈갓지못ᄒᆞ오ᄉᆞᄉᆡᆼ은명이잇고부귀는하날

에잇소비록지금은궁ᄒᆞ나나는감히 그른일은ᄒᆞᆯ슈업소차라리바르
고죽지못ᄒᆞᆯ지언졍간ᄉᆞᄒᆞ고유여ᄒᆞᆷ우불가ᄒᆞ오

第十七課

나위따신이징쥐졘늬늬즘마부쭁밍늬늬볘둬쒀하뻥부쳐뫄듸화야
那位大人已經舉薦你你怎麽不從命呢你別多說好蜂不採落地花呀
그령감이괴위로혀을천거ᄒᆞ엿는ᄃᆡ로형은엇지ᄒᆞ야명을좃지아니
ᄒᆞ오로혀은벨말말으시오조흔벌은따에떠러진곳을키지안슴니다

第十八課

쯔지페라첸 쒀지저거쿠 치텅 빵지치텅인라 또나마웬디뺑얼취
自己賠了錢、纔知這個苦、齒疼、方知齒疼人了、到那麽遠地方兒去、
예부웬이 쬐저얼잔저 예부한 시쬐쓰진퉤우먼라 쓰부쓰썅톈우루
也不願意、在兒兒站着、也不好、實在是進退無門了、是不是上天無路
수듸우먼듸마
入地無門的麽
제가돈을랑비ᄒᆞ고겨우고ᄉᆡᆼ을아니니가압허야바야흐로니압흔ᄉᆞ
롬을아는것이라그러ᄒᆞ야먼디방에를가려ᄒᆞ야도실코여긔안자ᄒᆞ

야도조치아느니실상진퇴무문이라이것이하날에오르랴도길이업고따에들자ᄒᆞ여도문이업는것이아니오닛가

第十九課

늬베치라 늬부지닾핑안얼쯔지쳰진마 쥐얼완쌍 타재둥쟈나거밮
你別氣了、你不知道平安二字値千金麽　昨兒晚上、他在東街那個寶

취쌍 따라라타부친라쑤위숴두버창중우부쯔 쓰쪈듸나
局上、打了他父親了俗語說賭博場中無父子、是眞的哪

로형셩ᄂᆡ지마시오로형은평안두글ᄌᆞ가갑시천금인쥴을모르시오어제저녁때제가동가상그노름판에셔저의부친을따렷소속어에도박장가운ᄃᆡ에는부ᄌᆞ가업다드니이참이구려

第二十課

지쓰타나마츙쯤마부닾친치펑우먼나얼칙취늬리쓰재마저커쓰수싼
既是他那麽窮怎麽不到親戚朋友們那兒求去呢理是這麽着可是入山

진후이키쿼꼬인난듸
擒虎易開口告人難的

긔위제가그러케궁ᄒᆞ고엇지ᄒᆞ야친척붕우들에게가셔구걸ᄒᆞ지안

소일이참이러ᄒᆞ오산에드러가호랑이잡기는쉽고입을열어셔ᄉᆞ람에게말ᄒᆞ기는어려운것이오

第二十一課

늬쩐쓰쥐찬화래친신뎬얼바늬부지또훠충켜추삥충켜수듸화랴마
你眞是嘴饞後來謹愼點兒罷你不知道禍從口出病從口入的話了麽、
꺼인깐꺼인쓰 쥐한부융꽌인쟈듸쓰 꺼인즈삼먼첸쒜 머꽌타인와
各人幹各人事、就好不用管人家的事、各人自掃門前雪、莫管他人瓦
쌍쐉
上霜

로형이츔입이헤프오다음브터는조곰조심ᄒᆞ시오로형은화가입으로좃차나오고병이입으로좃차드러간다ᄒᆞ는말을몰으시오사ᄅᆞᆷ마다제각기보는일이잇스니남의일을상관치안는것이좃소각인이제문압헤눈을쓸것이오다른사ᄅᆞᆷ집웅우의서리는관계치말것이오

第二十二課

인쟈즘마쒀저쟝시후쯔뻥징한히부수쯔지취이칸켜쒀부수썬뻥얼운
人家怎麽說浙江西湖子風景好還不如自己去一看口說不如身逢耳聞

부슈무젼듸
不如目見的
남이아무리졀강셔호의풍경이좃타말홀지라도자긔가한번가셔보
는것만갓지못ᄒᆞ오입으로말홈이몸으로만남만갓지못ᄒᆞ고귀로듯
는것이눈으로보는것만갓지못혼것이오

第二十三課

워텅젼숴나위랖쌔인츠라인랴나부쓰창장허랑췌쳰랑시쌍신인틔직
我聽見說那位老大人辭了任了那不是長江後浪催前浪世上新人替舊
인듸웬구마
人的緣故麽
내드르니그로령감이사직을ᄒᆞ셧다ᄒᆞ니이것이장강의후물결이젼
물결를지쵹ᄒᆞ고셰상싀사룸이옛사룸을갈마드리는연고가아니오
닛가

第二十四課

뛔저쌍듸먼잔평위먼칭신칭이듸처한쌍듸부신칭부친평위부신
對着兄弟們、交朋友們誠心、誠意的纔好、兄弟不信情不親、朋友不信
잔이야
交易踈

형뎨를디ᄒᆞ든지친구를디ᄒᆞ든지셩심셩의로ᄒᆞ여야홈니다형뎨가
밋지아니면졍이친치못ᄒᆞ고붕우가밋지아니ᄒᆞ면사괴이셔긔기가
쉬웁소

第二十五課

틩쉬늬져지톈메진한듸빵얼부틩랖신쟈듸화워촨늬완어인웨쇼비항
聽說你這幾天迷在好地方兒不聽老人家的話我勸你萬惡淫爲首百行
쌰웨쎈시쌍우난쓰지파인신즈부젠늬워진신쥐리듸융궁즘마부넝청
孝爲本世上無難事只怕人心自不堅你若盡心竭力的用功怎麽不能成
늬
呢

드르니로형이요시어느곳에골몰ᄒᆞ야로인의말을듯지안는다ᄒᆞ니
내가로형셰권ᄒᆞ노니만악은이음머리가되고ᄇᆡᆨ가지힝실에는효가
근본이되오셰상에어려운일이업고다만인심이스사로굿지못홈을
두려ᄒᆞ오로형이만일진심갈력ᄒᆞ야힘을쓰면무슨못홀일이잇겟소

第二十六課

늬쓰헌충밍듸인즘마타듸쓩듸나마줘피치늬웬부더이쑤즤궈와쏸와
你是很聰明的人怎麽他的兄弟那麽左皮氣呢怨不得一樹之果有酸有

헨이무즤쯔와와와셴나
話一母之子有愚有賢哪

져는미우총명ᄒᆞᆫᄉᆞ람인ᄃᆡ져의형뎨는엇지ᄒᆞ야그러케난봉이되얏소원망ᄒᆞᆯ슈업는것은한나무의열ᄆᆡ도신것도잇스며단것도잇고한어미ᄌᆞ식도어리셕은이도잇고어진이도잇는것이구려

第二十七課

또라수진 라듸 쏘운 와신와짠 나쩐 쓰커이쒀 칭추위란얼싱위란 셍
到了如今、他的學問又深又高、那眞是可以說、青出於藍而勝於藍、冰
씽 위쉬 얼한위쒸
生於水而寒於水

지금와셔져의학문이깁고또놉핫소그것은총청이쪽에셔나되쪽보다낫고어름이물에셔나되물보다차다는말과갓소

第二十八課

쌘저전쓰워중메웨리 데와늬듸쌍주나 짜신쌩융작랴부정장인즤써 치커융후
辦這件事我總沼閱歷、得要你的幫助哪、造新房用舊料不經匠人之手其可用乎

이일을판단ᄒᆞ기에나는도모지열력이업서로형의도와쥬심을바라오시방을짓는ᄃᆡ에젼지료를쓰고목슈의손을빌지아느면그쓸슈가잇겟소

第二十九課

지쓰저친쓰 이징이뭐라 저주데얀리쯔쥐듸 인웨쓰커쓰앵섀쓰쭝
既是這件事、已經義妥了、這就得要立字據的、因爲是口是風筆是踪

쉐쓰흔쌴쓰 예데쌘듸얀쌴신 리훠녕쌒완중싼
雖是很小事、也得辨的要小心、粒火能燒萬重山

그위이ᄉᆞ건으결졍을ᄒᆞ엿스나곳문ᄌᆞ를써셔징빙을삼어야ᄒᆞ겟소입은바름이오붓은ᄌᆞ최임으로비록미우젹은일일지라도ᄒᆞ기를조심ᄒᆞ여야ᄒᆞ오불똥이능히만중산을사르오

第三十課

쉬산나거장궤듸우뎬얼많생커쓰타흔우치쌴우쑤매미즘마늬썅치부
雖然那個掌櫃的有點兒毛病可是他很有才幹又熟買賣怎麽你想起不

얀타릭늬워촨늬융인수융무우이촌싀치렌빠즤치
要他來呢我勸你用人如用木毋以寸朽葉連抱之材

비록그회게원이조곰아ᄒᆞᆫ흠결이잇슬지라도ᄆᆡ우지간이잇고또장ᄉᆞ에익은뒤엇지ᄒᆞ야로형은져를ᄉᆡᆼ각지안소내가로형에게권ᄒᆞ노니사ᄅᆞᆷ쓰을나무쓰듯ᄒᆞ야조곰씩음으로써련포의직목을버리지마시오

第三十一課

쟌쉰하쯔먼쓰뱌무잉줘듸쓰양쯔부쟌수양뤼양뉘부쟌수양주

教訓孫子們是父母應做的事養子不教如養驢養女不教如養猪

아희들을가라치는것은이부모의ᄲᅥᆨ々이ᄒᆞᆯ일이오아들을길너가라치지아느면나귀길느는것과갓고ᄯᆞᆯ을길너가라치지아느면도야지기르는것과갓소

第三十二課

늬추왜취줘나위따인듸머랴워쑹께늬량싼쥐화부치둥쥔부이꽌시

你出外去做那位大人的幕僚我送給你兩三句話、不欺東君、不倚官勢

부쌍웨신쳰부줘꿔신쓰

不想昧心錢不作虧心事

로형이밧게나아가아무대인의막요가된다ᄒᆞ니내가로형께두세귀

말숨을엿줍겟소상관을소기지말고관가셰력을밋지말고마음속이
는돈을싱각지말고마옴쵞손홀일을짓지마르시오

第三十三課

늬쉬져젼쓰흔지미 쎄인부지또듸 워싼수늬 톈지듸징늬지워지안
你說這件事很機密、別人不知道的、我告訴呢、天知地知你知我知暗
중취안중릭듸쓰 핑창부쥐대쓰신리메숌마커파듸쓰쑤위쉬웨인부
中去暗中來的事、平常不做歹事心裏沒甚麽可怕的事俗語說爲人不
쥐쾌신쓰 쌘예꾸먼부취징
做愧心事、半夜敲門不怯驚

로형말에이ᄉᆞ건이미우비밀ᄒᆞ야타인은모른다ᄒᆞ니내로형제말ᄒᆞ리이다밤에가고밤에오는일을하날이알고따이알고내가알고네가아오평싱에그른일을아니ᄒᆞ면마음에무슨두려울것이잇겟소쏙어에ᄒᆞ기롤사롬이마옴붓그러운일을ᄒᆞ지아니ᄒᆞ면반야에문을두다려도겁나고놀날것이업다ᄒᆞ오

第三十四課

타저지톈창지하디빵얼 허직롼쓰 세쓰진릐쟈라타먼지거부하디
他這幾天常在好地方兒、喝酒亂事、必是近來交了他們幾個不好的
펑외디웬수 뻥부릐 쑤부뚱나
明友的緣故、風不來、樹不動哪

제가요사이항상어더흔디방에잇셔々술먹고난봉부리니필시근릐에
제가멧개조치못흔친구를사괸연고인가흐오바룸이오지아니흐면
나무가움작이지안는것이구려

第三十五課

타먼즘마이룬워 워부파 옌찬치지훙우직 후뱌치쇼촨양치외커이
他們怎麽議論我、我不怕、燕雀豈知鴻鵠志、虎豹豈受犬羊欺又可以
쉬쌴인부지쥔쯔지신쥔쯔부쇼쌴인지우
說心人不知君子之心君子不受小人之侮

져의들이아무리나를의론흐나나는두렵지안소연작이엇지홍곡의
뜻을알며호표가엇지견양의속임을밧겟소또말흐겟소소인은군ᄌ
의마옴을모르고군ᄌ는소인의업슈이녁임을밧지안는것이오

第三十六課

쉬안워돠뢰관취예부궈쓰앵창줘지잉착평와먼바례비위이위우늬부
雖然我到樓館去也不過是逢場作戲應酬朋友們罷咧日玉移於汚泥不
녕잔쩌치써쥔쯔추위쭤듸부녕산롼치신쉬화싼쓰쉬안쌰쓰예데쌰신
能沾濕其色君子處於濁地不能染亂其心說話幹事雖然小事也得小心
이싱즤훠녕쌰완징즤싼 쌘쥐예웬우순평엉즤더
一星之火能燒萬頃之山、半句非言誤損平生之德

비록내가청루에갓슬지라도이는만난마당에희롱을지여친구들을응슈ᄒᆞᆷ에지나지안소빅옥이드러운진흙에빠져도그빗을히젹시지못ᄒᆞ고군ᄌᆞㅣ탁디에쳐ᄒᆞ나능히그마음을물드려어지럽게못ᄒᆞ오말ᄒᆞᆷ과일ᄒᆞᆷ이비록젹은일이니조심ᄒᆞ여야ᄒᆞ오반짝ᄒᆞᆫ불이능히만경의산을사르며반귀의그른말이평싱의덕을오손ᄒᆞ오

第三十七課

지산늬룽추저만젠쓰릐라 후회예부지라쑤위와쉬청쓰머쉬약쉬난
既然你弄出這麽件事來了、後悔也不及了俗語又說成事莫說覆水難
쉬워익전마둬쉬늬부룬슴마양얼듸인워쓰부쌰점마능걱룽추짜쓰예
收我又怎麽多說呢不論甚麽樣兒的人若是不學怎麽能彀弄出大事業
릐늬위부쭤부청치인부머부청돠
來呢玉不琢不成器人不磨不成道

괴위로형이이러ᄒᆞᆫ일을ᄒᆞ야닛스니후회ᄒᆞ여도ᄒᆞᆯ슈업소속어에ᄯᅩ말ᄒᆞ기를져지른일은말ᄒᆞᆯ것이업고업질어진물은거두기어렵다ᄒᆞ오내ᄯᅩ무슨슈다홈이겟소엇더ᄒᆞᆫᄉᆞᄅᆞᆷ이돈지만일에배호지아느면엇지능히큰ᄉᆞ업을ᄒᆞ야닉겟소옥은쪼지아느면그릇을이루지못ᄒᆞ모ᄉᆞᄅᆞᆷ은마탁지아느면도를이루지못ᄒᆞ오

第三十八課

져당쓰쎄띵늬쎄취듸 워쓰늬부취 쉬싼취늬 창쪤부쓰쉬이마부싱
這邊是必定你該去的・若是你不去、誰敢去呢、常這不是說一馬不行

비마와듸화라마지쓰롱추나마졘쓰릐메빠쯔회릐듸닾수진젼마와얖
百馬憂的話了麽既是弄出那麽件事來沒法子回來的到如今怎麽又要

지취늬우위부쓰쉬마화마부치회릐찬화치부쟈얼상약
再去呢古語不是說麽好馬不喫迴頭草好妻不嫁二丈夫

이번에는꼭로형이가야ᄒᆞ오만일로형이아니가면누가감히가겟소상말에한말이가지아느면ᄇᆡᆨ말이근심ᄒᆞᆫ다는말이잇지안소괴위이러ᄒᆞᆫ일을ᄒᆞ엿닛스니도리킬방법은업소지금와서엇지ᄒᆞ야다시가려ᄒᆞ오녯말에잇지안소조흔말은회두초를먹지안코조흔안히는두

사나희에게시집가지안소

第三十九課

늬 쎄 숴 칸 저 녠 칭 듸 뉘 인 쟢 저 징 궈 워 숴 징 청 워 깐 수 늬 써 부 메 인 인 쯔 메
你別說看着年輕的女人叫着傾國又說傾城我告訴你色不迷人人自迷
셩 쪠 늬 쥐 매 미 중 얀 쌴 신 뎬 얼 키 뎬 융 이 쇼 뎬 난 늬 화 릐 쥐 슴 마 쓰 칭 데 얀
生在你做買賣總要小心點兒開店容易守店難你後來做甚麽事情得要
지 졘 쥐 지 싼 뱅 나
節儉坐食山崩哪

로형으젊은게집을보고경국이니경셩이니말ᄒᆞ지마오내가로형세
말ᄒᆞ리다색이사ᄅᆞᆷ을미혹케ᄒᆞᆷ이아니라ᄉᆞᄅᆞᆷ이스ᄉᆞ로미혹ᄒᆞᆷ이오
지금로형이장ᄉᆞ를ᄒᆞ니좀조심ᄒᆞ여야ᄒᆞ오상뎜열기는쉬워도상뎜
직희기는어렵소로형이장ᄅᆡ무슨일을ᄒᆞ든지절조잇고검소ᄒᆞ여야
겟소안저먹으면산도문어진다요

第四十課

타 셴 쪠 충 듸 리 히 메 우 빠 쯔 퐈 료 루 몐 듸 취 워 릐 라 싀 지 쓰 어 부 저 시 한
他現在窮的利害、沒有法子、拋頭露面的求我來了實在是餓不擇食寒

부저이듸늬쌔패타나예쓰추위우빠듸타나마싱지찬쓰우첸듸옌쑤나
不擇衣的你別怪他那也是出於無法的他那么行止全是無錢的緣故那
작쓰마싱우리졔인쒀인부뺑빠지웨쎈
就是馬行無力皆因瘦人不風法只爲貧

졔가지금ᄆᆡ우궁ᄒᆞ야ᄒᆞᆯ슈업셔머리를ᄂᆡ여놋코얼골을드러ᄂᆡ고ᄂᆡ게와셔구걸ᄒᆞ니참ᄀᆞᆯ므면먹을것을가리지안코치우면입는것을가리지안는것이오로형은져를괴이히녀기지마시오그도또ᄒᆞᆫᄒᆞᆯ슈업셔ᄒᆞ는것이오져의그러ᄒᆞᆫᄒᆡᆼ동은젼혀돈업는연고이오그는곳마행무력이다파리ᄒᆞᆷ을인ᄒᆞᆷ이오인불풍법이다만잔난ᄒᆞᆷ을인ᄒᆞᆷ이오

第四十一課

워이댜쒀댜져이쾌워충허챠궈칸쳔챠듸쌰예워이거쒀댜져워나거
有一條狗叼着一塊肉從河橋過、看見橋底下、也有一個狗叼着肉那個
챤쌍듸쒀탄신부주워얀최나거워작쟌라이썽싸쯔지쮀리듸워쑹라
橋上的狗貪心不足又要吃的個肉、就叫了一聲、把自己嘴裡的肉鬆了
댜싸취라쪄칸챠듸싸나거워예메워라져거화부셴웨썽칙쒜듸작
悼下去了、再看橋底下、那箇肉、也沒有了、這個話不但爲牲口說的就
쓰인워와궈두듸탄신마이쎵유져양듸쓰칭라
是人若有過度的貪心麽一定有這樣的事情了

혼마리개가잇셔혼덩어리고기를물고하교로조차지나다가다리아릐를보니또혼마리기가고기를무럿습니다그다리우의기가탐심이무한ᄒᆞ야또혼져고기를먹으랴고곳혼소릐를짓다가ᄌᆞ긔의입속의고기를가져떠러트렷습니다다시다리아릐를보니져고기도넙셧습니다이러혼탐심이잇스면일뎡코이러혼일이잇습니다

第四十二課

우이거랖써 쬐히볜얼쌍 칸졘이거써리쌍 얏츼저거나쮀댜이댜인
有一個老鴰、在海邊兒上、看見一個蛤蠣、想要吃這個、拿嘴叨一叨、因
웨타졘잉 부넝꺼카이츼랴 쉬이메빠쯔꺼싸쥐예라취랴 산혁우래라이
爲他堅硬、不能剖開吃了、所以沒法子擱下就飛了去了、然後又來了一
거랖써새써리시시얼이칸새 나거써리댜쬐쐐리 쌔궈싸추얼쟈라이
個老鴰把蛤蠣細細兒一看、把那個蛤蠣、叨在嘴裏飛過高處兒找了一
쾌시뚜듸빵 작영싸리라 나거써리작쇄쒜라 워쓰인졘라웨난듸쓰칭
塊石頭地方、就扔下來了、那個蛤蠣就摔碎了、若是人見了爲難的事情
작히즤 부융신 둬짠쓰거청라늬 쑤워얼숴듸커이인얼부수냐후아
就懈志、不用心、多喒是個成了呢、古語兒說的可以人而不如鳥乎啊

ᄒᆞᆫ마리가마귀가ᄒᆡ변에셔ᄒᆞᆫ조기를보고이것을먹으려ᄒᆞ야쥬둥이로ᄶᅩ고ᄯᅩ되단々ᄒᆞᆷ을인ᄒᆞ야능히ᄶᅩ기여먹지못ᄒᆞ고ᄒᆞᆯ슈업셔ᄂᆡ여바리고날어갓습니다그후에ᄯᅩᄒᆞᆫ마리가마귀가와셔놉흔곳을지나한덩이돌잇는데를차자셔곳나려트리니져조기가곳ᄭᆡ여젓소만일ᄉᆞᄅᆞᆷ이어려운일을보고곳ᄒᆡ대ᄒᆞ야힘을ᄡᅳ지아니ᄒᆞ면어느ᄯᅢ셩ᄉᆞ가되겟소녯말에ᄉᆞᄅᆞᆷ이되야ᄉᆡ만못ᄒᆞ랴ᄒᆞ는말이잇습니다

第四十三課

와거랑 쌍ᄶᅳ쟌ᄭᅮ투에주랴 타신쿠더랴부더야ᄎᆔ냐얼게타댜추래라

有個狼、嗓子𠯗骨頭噎住了、他辛苦得了不得要求鳥兒給他叨出來了

꺼냐얼인웨랑ᄡᅳ쮀애푸엥듸뚜부컨썅쳰랑흔잪지 ᄌᆛ치ᄱᆡ쉬 늬먼컨

各鳥兒因爲狼是最愛撲生的都不肯向前狼很着急、就起誓說、你們肯

게워추리 워화래이띵우중반 팡볜얼 우이거허 틩타져마숴 ᄡᅳ째

給我出力、我後來一定有重報、傍邊兒、有一個鶴、聽他這么說、實在

부인듸게타댜추래라 져허댜완라 허랑얀마쳰나 랑숴워부히늬나

不忍的給他叨出來了、這鶴叨完了、和狼要馬錢那、狼說我不害你那

히부ᄡᅳ중반마 져ᄡᅳ촨신부얀게ᄃᆡ인추랴ᄡᅳ리듸이ᄡᅳ

還不是重報麽、這是勸人不要給歹人出了死力的意思

이리ᄒᆞ니이잇셔목구녕에뼈가걸녀고싱을무한이ᄒᆞ다가ᄉᆡ에게듸ᄒᆞ야ᄲᆡᄂᆡ여주기를원ᄒᆞ니뭇ᄉᆡ가이리는가장살싱을잘ᄒᆞᆫ다ᄒᆞ야모다압흐로향ᄒᆞ기를질겨ᄒᆞ지안는지라이리는ᄆᆡ우조급ᄒᆞ야곳ᄆᆡᆼ셔ᄒᆞ야말ᄒᆞ기를로형들이나를위ᄒᆞ야질겨힘을쓰면내가후일에ᄯᅥᆨ즁히갑ᄒᆞ리다겻헤잇든학하나이말을듯고ᄲᆡᄂᆡ여쥰뒤에이리에게쟉젼을요구ᄒᆞ니져이리가말ᄒᆞ되내가너를히치아니ᄒᆞᆫ것이즁보가아니냐ᄒᆞ엿스니이것은ᄉᆞ룸을권ᄒᆞ야낫분ᄉᆞ룸을위ᄒᆞ야힘쓰지말나는의ᄉᆞ올시다

附錄

音法

一、雙音法

雙音이라홈은上下兩音이合成ᄒᆞᆫ者ㅣ니例ᄒᆞ건ᄃᆡ

과 놔 돠 롸 뫄 봐 솨 와 좌 촤 콰 톼 퐈 화

궈 눠 둬 뤄 뭐 붜 숴 워 줘 춰 쿼 퉈 풔 훠

와如히가오二字가合ᄒᆞ야(과)를成ᄒᆞ며、거우二字가合ᄒᆞ야(궈)를成ᄒᆞᄂᆞ니라(各行做此)

二、間音法

間音이라홈은二個音이合ᄒᆞᆫ中間音이니例컨ᄃᆡ(ᄌ스)는(즈쓰)의間音이오(ᄋ부)는(부푸)의間音이라 ᄋ바 ᄋ버 ᄋ뵤 ᄋ뷰 等音이做此ᄒᆞ니라

三、輕音法

輕音이라ᄒᆞᆷ은窄狹ᄒᆞᆫ鼻音이니齒牙力이多ᄒᆞ고喉力을多用치안느니라例컨ᄃᆡ

잔 난 단 란等과如히本字下에在ᄒᆞᆫ(ㄴ)이卽輕音이라

四、重音法

重音이라ᄒᆞᆷ은卽(ㅇ)밧침音이라其發音은活潑ᄒᆞ야喉力이多ᄒᆞ고牙力을多用치아니ᄒᆞ며ᄯᅩᄒᆞᆫ鼻音을帶ᄒᆞ니라

五、牙音法

牙音이라ᄒᆞᆷ은牙中으로셔出ᄒᆞᄂᆞᆫ音이니例ᄒᆞ건ᄃᆡ

싸 카 꽈콰等과如ᄒᆞ니라

六、喉音法

喉音이라ᄒᆞᆷ은喉頭로써出ᄒᆞᄂᆞᆫ音이니例ᄒᆞ건ᄃᆡ

하 화 훠等首과如ᄒᆞ니라

七、舌頭音法

舌頭音이라ᄒᆞᆷ은舌掌을動ᄒᆞ야出ᄒᆞᄂᆞᆫ音이니例ᄒᆞ건ᄃᆡ

나 놔 눠等音과如ᄒᆞ니라

八、舌尖音法

舌尖音이라홈은舌端에셔出ᄒᆞ는音이니例ᄒᆞ건ᄃᆡ

타 ᄯᅡ 톼等音과如ᄒᆞ니라

九、半喉音法

半喉音이라홈은舌頭를伸開ᄒᆞ고舌全部를轉回ᄒᆞ야作ᄒᆞ는音이니例ᄒᆞ건ᄃᆡ

롸 뤄 뤼等音과如ᄒᆞ니라

十、半齒半牙音法

半齒半牙音이라홈은齒牙間으로出ᄒᆞ야舌尖에셔作轉되는音이니例ᄒᆞ건ᄃᆡ

ᅀᅡ ᅀᅥ ᅀᅮ ᅀᅵ等과如ᄒᆞ니라 (에音은英文의R字音과同ᄒᆞ고레音은L字音과同홈)

十一、重脣音法

重脣音이라홈은上脣과下脣을合ᄒᆞ야重濁히發ᄒᆞ는音이니例ᄒᆞ

건ᄃᆡ(바、파)等과如ᄒᆞ니라

十二、輕脣音法

輕脣音이라홈은上前齒로下脣內頭를縮ᄒᆞ고口를開ᄒᆞ야輕淸히發ᄒᆞᄂᆞᆫ音이니例ᄒᆞ건ᄃᆡ(ᅄᅡ ᅄᅫ ᅄᅣ)等과如ᄒᆞ니라

十三、齒頭音法

齒頭音이라홈은舌尖을上前齒內頭에接ᄒᆞ고半濁으로發ᄒᆞᄂᆞᆫ音이니例ᄒᆞ건ᄃᆡ(ᅅᅡ 쫘 주 ᅅᅪᆫ ᅅᅧᆨ ᅅᅮ 싸 쏴 쑤)等音과如ᄒᆞ니라

十四、正齒音法

正齒音이라홈은上下前齒端에셔出ᄒᆞᄂᆞᆫ音이니例ᄒᆞ건ᄃᆡ(ᅅᅡ ᅅᅥ ᅅᅮ 자 차)等音과如ᄒᆞ니라

四聲法

支那語에四聲이라홈은詩文의韻考平、上、去、入과如히同一ᄒᆞᆫ音이라도字의平、直、長、短을隨ᄒᆞ야發ᄒᆞᄂᆞᆫ聲이니例ᄒᆞ건ᄃᆡ媽、麻、馬、罵와如히四字의音이同一ᄒᆞᄃᆡ媽ᄂᆞᆫ上平이오麻ᄂᆞᆫ下平이오馬ᄂᆞᆫ上聲이오罵ᄂᆞᆫ去聲이라

上平은平重ᄒᆞ니上聲보다較短ᄒᆞ고下平은平輕ᄒᆞ니去聲보다急促ᄒᆞ며上聲은緩發收長ᄒᆞ야音聲이猛烈ᄒᆞ고上聲은先緩後急ᄒᆞ야哀怨이分明ᄒᆞ니라

四聲圖

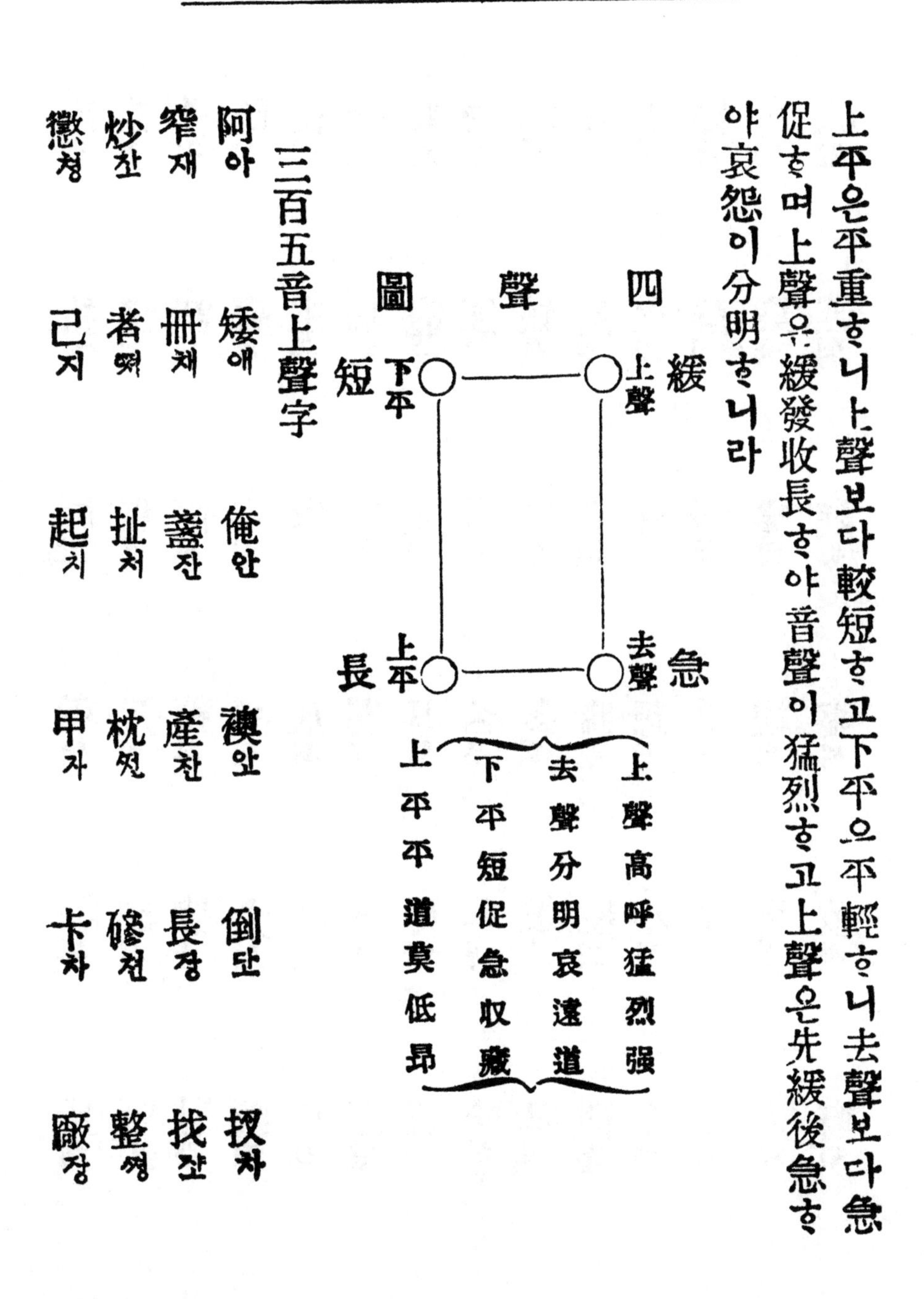

三百五音上聲字

阿아 矮애 俺안 襖아오 倒다오 扠차

窄재 冊채 盞잔 產찬 長장 找자오

炒차오 者져 扯처 枕쩐 磣천 整쪙

懲청 己지 起치 甲자 卡차 廠장

講장 減젼 井징 醜척 菌쥔 轉좐 腫중 訪빵 海해 虎후 哄훙 險쏀 尾이 軟완

搶창 淺쳰 請칭 舉쥐 主주 喘촨 寵총 匪배 喊한 話화 火훠 醒싱 染산 蕋쉬

脚쟈 指즤 酒쥐 取취 處추 奘짱 我워 粉뻔 好화 緩환 喜시 朽식 囔앙 酕숭

巧챠 尺츼 糗추 捲좐 爪좌 闖촹 耳얼 否부 黑희 謊황 想샹 許쉬 繞샾 蠆쌰

解졔 錦진 窘충 犬촨 踐쫴 准쥰 髮빠 斧부 很흔 悔회 小쌰 選쏀 忍신 改써

且졔 寢친 肘주 蹶쮀 揣좨 蠢춘 反뻔 哈하 吼훠 渾훈 血쎼 雪쉐 入수 慨키

赶 깐 給 께 口 커우 擓 쾌 滾 균 懶 래 倆 랴 領 링 櫓 루 卯 마오 憫 민 攮 낭 鈕 누 百 배

砍 칸 肯 컨 古 구 管 관 閫 쿤 朗 랑 兩 량 柳 류 隴 룽 美 메 抹 머 惱 나오 女 뉘 瓢 패

堈 캉 埂 겅 苦 쿠 款 콴 礦 쾅 老 라오 了 랴오 裸 뤄 馬 마 猛 멍 某 머우 擬 뉘 努 누 板 반

抗 캉 各 거 寡 과 廣 광 孔 쿵 累 레 咧 레 簍 러우 買 매 米 메 母 무 鳥 냐오 暖 놘 綁 빵

稿 가오 渴 커 侉 콰 詭 궤 果 궈 冷 렁 臉 렌 履 뤼 滿 만 藐 먀오 那 나 捻 녠 偶 어우 嗙 팡

考 카오 狗 거우 拐 괘 傀 괘 蝲 다 禮 리 檁 린 圖 투 莽 망 勉 멘 奶 내 擤 넝 把 바 保 바오

跪꾀 表뱌오 品핀 普푸 叟써우 閃싼 使씌 水귀 坦탄 底뎡 頂딩 賭두 統퉁 早짜오

北베 漂퍄오 稟빙 洒싸 髓쉐 賞샹 手써우 死쓰 髒당 體틔 梃텅 土투 咱짜 草찬

本번 彆베 播붜 傘싼 損쑨 少쌰오 數슈 打따 髒당 挑탸오 呿퉈 宰째 短돤 怎쩐

捧펑 撇폐 笸퍼 嗓쌍 竦쑹 捨써 要야오 塔타 討타오 鐵톄 朵둬 骰퉤 彩채 左쭤

筆쎄 扁볜 剖푸 掃싸오 傻싸 審신 摔쇄 歹대 得데 點뎬 妥퉈 盹둔 怎쩐 走쩌우

鄙피 諞폔 補부 鎖숴 色써 省셩 爽솽 膽단 等덩 餂톈 斗더우 懂둥 慘찬 祖주

纂 잔　此 츠　穩 운　野 예　尢 원

嘴 쮀　瓦 와　我 워　眼 옌　有 우

撙 쭌　舀 애　武 우　引 인　永 융

忖 춘　晚 완　雅 야　影 잉

總 쭝　往 왕　養 양　雨 위

子 쯔　委 웨　咬 얀　遠 웬

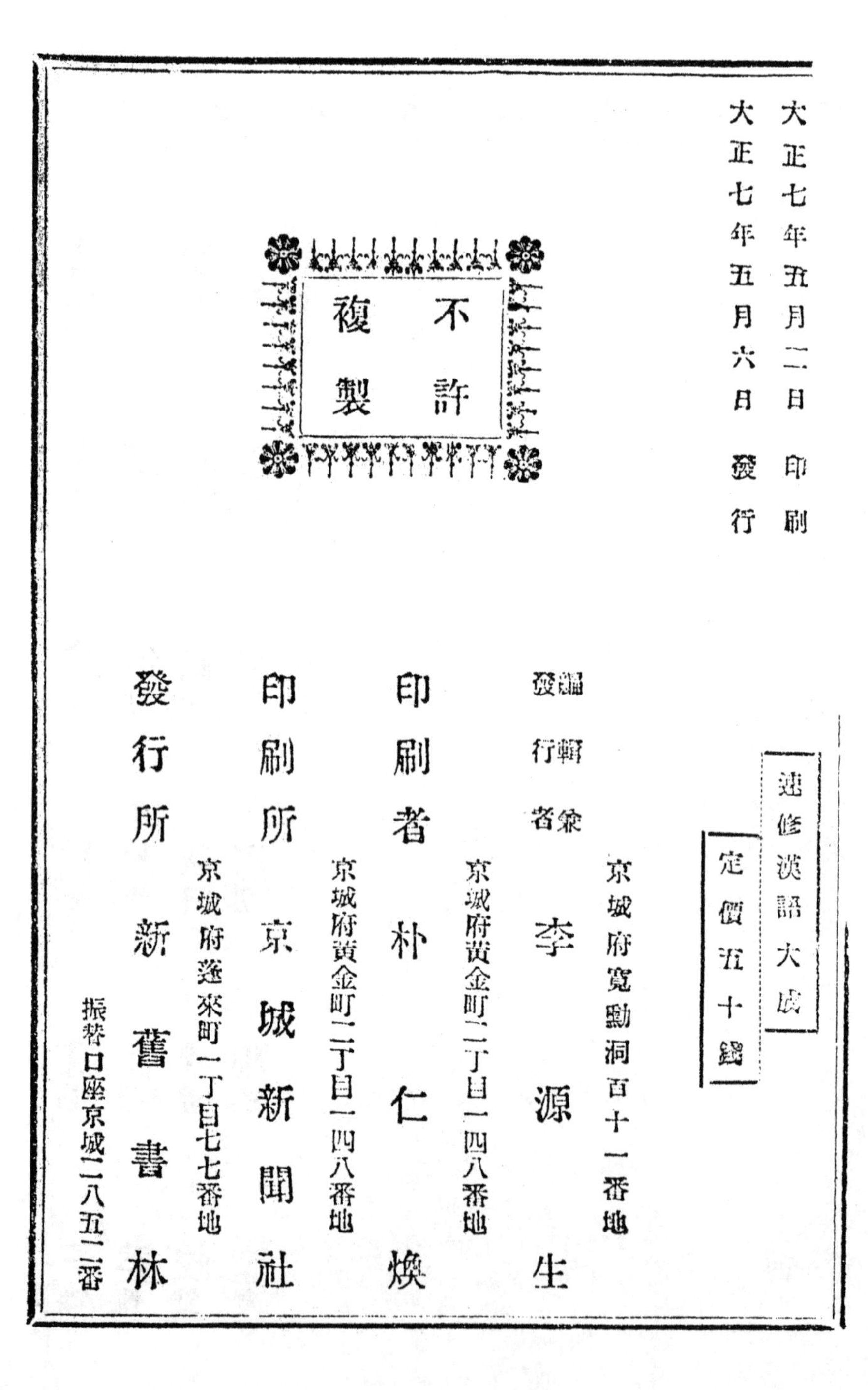

大正七年五月二日印刷

大正七年五月六日發行

速修漢語大成

定價五十錢

京城府寬勳洞百十一番地

編輯兼發行者　李源生

京城府黃金町二丁目一四八番地

印刷者　朴仁煥

京城府黃金町二丁目一四八番地

印刷所　京城新聞社

京城府蓬萊町一丁目七七番地

發行所　新舊書林

振替口座京城二八五二番

“早期北京話珍本典籍校釋與研究”叢書總目録

早期北京話珍稀文獻集成

（一）日本北京話教科書匯編

《燕京婦語》等八種

華語跬步

亞細亞言語集

北京風土編·北京事情·北京風俗問答

伊蘇普喻言·今古奇觀·搜奇新編

四聲聯珠

官話指南·改訂官話指南

京華事略·北京紀聞

（二）朝鮮日據時期漢語會話書匯編

改正增補漢語獨學

高等官話華語精選

速修漢語自通

速修漢語大成

中語大全

修正獨習漢語指南

官話華語教範

無先生速修中國語自通

官話標準：短期速修中國語自通

“内鮮滿”最速成中國語自通

（三）西人北京話教科書匯編

尋津録

語言自邇集

官話類編

華語入門

漢英北京官話詞彙

漢語口語初級讀本·北京兒歌

北京話語音讀本

語言自邇集（第二版）

言語聲片

華英文義津逮

北京官話：漢語初階

（四）清代滿漢合璧文獻萃編

清文啓蒙
清話問答四十條
一百條·清語易言
清文指要
續編兼漢清文指要
庸言知旨
滿漢成語對待
清文接字·字法舉一歌
重刻清文虚字指南編

（五）清代官話正音文獻

正音撮要
正音咀華

（六）十全福

（七）清末民初京味兒小説書系

新鮮滋味
過新年
小額
北京
春阿氏
花鞋成老
評講聊齋
講演聊齋

（八）清末民初京味兒時評書系

益世餘譚——民國初年北京生活百態
益世餘墨——民國初年北京生活百態

早期北京話研究書系

早期北京話語法研究
早期北京話語法演變專題研究
早期北京話語氣詞研究
晚清民國時期南北官話語法差異研究
基於清後期至民國初期北京話文獻語料的個案研究
高本漢《北京話語音讀本》整理與研究
北京話語音演變研究
文化語言學視域下的北京地名研究
語言自邇集——19世紀中期的北京話（第二版）
清末民初北京話語詞彙釋